Heike Ambrosy • Angela Paula Löser

Entscheidungen am Lebensende

W0040920

Für meine Schwester Julia.
A. P. Löser

Heike Ambrosy
Angela Paula Löser

Entscheidungen
am Lebensende

Sterbehilfe und Patientenverfügung
im Pflegealltag aus juristischer
und pflegerischer Sicht

schlütersche

Bibliografische Information Der Deutschen Bibliothek
Die Deutsche Bibliothek verzeichnet diese Publikation in der Deutschen
Nationalbibliografie; detaillierte bibliografische Daten sind im Internet über
http://dnb.ddb.de abrufbar.

ISBN 3-89993-165-3

Heike Ambrosy ist Rechtsanwältin und freiberufliche Dozentin in verschiedenen Einrichtungen der Aus-, Fort- und Weiterbildung der Alten- und Krankenpflege. Sie war mehrere Jahre als Berufsbetreuerin tätig. Neben ihrer anwaltlichen Tätigkeit auf dem Gebiet des Arzthaftungsrechts hat sie zahlreiche Seminare zum Thema Patientenverfügung gehalten.

Angela Paula Löser ist Diplom-Pädagogin und Fachkrankenschwester für die Pflege in der Onkologie und Palliative Care, Lehrerin für Pflegeberufe und Pflegedienstleitung, Interne Auditorin und Qualitätsbeauftragte. Sie ist als freiberufliche Dozentin in verschiedenen Einrichtungen der Aus-, Fort- und Weiterbildung beschäftigt und ist Autorin zahlreicher Publikationen.

Mehr wissen – besser pflegen!

Besuchen Sie unser Pflegeportal im Internet.

© 2006 Schlütersche Verlagsgesellschaft mbH & Co. KG,
        Hans-Böckler-Allee 7, 30173 Hannover

Alle Rechte vorbehalten. Das Werk ist urheberrechtlich geschützt. Jede Verwertung außerhalb der gesetzlich geregelten Fälle muss vom Verlag schriftlich genehmigt werden. Die im Folgenden verwendeten Personen- und Berufsbezeichnungen stehen immer gleichwertig für beide Geschlechter, auch wenn sie nur in einer Form benannt sind. Ein Markenzeichen kann warenrechtlich geschützt sein, ohne dass dieses besonders gekennzeichnet wurde.

Satz: PER Medien+Marketing GmbH, Braunschweig
Druck und Bindung: Druck Thiebes GmbH, Hagen

Inhalt

Vorwort

Noch vor weniger als zwei Jahrzehnten konnten ältere, sehr alte und sehr kranke Menschen auf eine natürliche Art und Weise sterben. Wenn dem Körper die Kraft zum Weiterleben fehlte oder Krankheiten zu gravierenden Körperschäden und -störungen führten, war der Tod die vorhersehbare und oft auch akzeptierte Konsequenz. Diese Situation hat sich in den vergangenen Jahren stark verändert.

Zum einen zeigt sich eine massive Zunahme gerontopsychiatrischer Erkrankungen. Hierbei verändert sich der Mensch krankheitsbedingt derart, dass er möglicherweise nicht mehr äußern kann, welche Beschwerden er hat, wie er seine Lebensqualität und seinen Zustand bewertet und welchen Maßnahmen er zustimmt bzw. welche er ablehnt. Die kognitiven Fähigkeiten sind also eingeschränkt. Zum anderen stehen in der modernen Medizin immer mehr Verfahren zur Verfügung, die die Erhaltung des Lebens trotz widriger Umstände ermöglichen (z. B. eine PEG, wenn der Betroffene nicht mehr essen oder trinken kann; Beatmung und Dialyse, wenn Herz-Kreislauffunktion oder Nierentätigkeit nicht mehr ausreichen).

Diese Veränderungen führen in der heutigen Zeit dazu, dass Menschen sich ängstigen, wenn sie an ihr Sterben denken. *»Werden vielleicht Maßnahmen gegen meinen Willen durchgeführt?«* – *»Werde ich bei Entscheidungen vielleicht nicht einbezogen oder kann ich vielleicht sogar keine Entscheidungen mehr treffen, weil ich an einer Demenz oder an einer anderen Erkrankung des Gehirns leide?«* – *»Werde ich meine letzten Tage oder Wochen auf einer Intensivstation liegen, an Kabel und Schläuche angeschlossen und unfähig sein, mein Dasein selbst zu bestimmen?«* Dieses sind einige Fragen und Ängste, die viele Menschen heute bewegen.

So kann es hilfreich sein, sich damit auseinander zu setzen, wie der eigene Sterbeprozess gestaltet werden soll, welche Maßnahmen man sich wünschen, welche mit Sicherheit ablehnen würde.

Gerade in Einrichtungen der stationären Altenhilfe, aber auch in der ambulanten und stationären Krankenpflege, geraten Pflegende in Konfliktsituationen, wenn Maßnahmen durchgeführt werden sollen, deren Sinn sie nicht verstehen oder erkennen. Das Hinauszögern des natürlichen Todes durch die Anordnung und Durchführung von lebensverlängernden Maßnahmen ist für sie und häufig auch für die Angehörigen eine Konfliktfrage und eine Belastung. *»Was würde dieser Mensch jetzt selbst wollen?«* – *»Wie würde er entscheiden?«* – *»Beteilige ich mich vielleicht sogar an der Sterbehilfe, wenn ich Maßnahmen nicht durchführe,* *den Arzt über Komplikationen oder Störungen nicht informiere?«* Pflegende und Angehörige fühlen sich unsicher und wollen nicht schuld am Tode dieses Menschen sein. Doch auch der behandelnde oder notfallmäßig hinzugezogene Arzt ist sich nicht immer sicher. So werden möglicherweise Maßnahmen durchgeführt, die in den Augen aller an der Pflege, Betreuung und Behandlung Betroffenen nicht sinnvoll sind.

Die Frage aller Fragen stellt sich immer wieder erneut: »Was wäre hier richtig?« – »Wie soll gehandelt werden?« Um diese Unsicherheit zu entschärfen und dem Selbstbestimmungsrecht des Menschen Geltung zu verschaffen, nehmen Patientenverfügungen und Betreuungsvollmachten eine immer größere Bedeutung ein.

Die Literatur zu Patientenverfügung und Sterbehilfe ist schier unüberschaubar. Dennoch stehen Alten- und Krankenpfleger immer wieder vor dem Problem, im beruflichen Alltag mit einer Patientenverfügung umzugehen. Mit Rechtsfragen häufig überfordert, werden immer wieder dieselben Fragen gestellt:
• Was ist eine Patientenverfügung?
• Was mache ich, wenn der Patient/Bewohner eine hat bzw. eine erstellen will?
• Welche rechtliche Verbindlichkeit hat die Patientenverfügung?
• Was kann ich als Pflegekraft tun, um Informationen zu beschaffen, die in unklaren Situationen den geäußerten oder mutmaßlichen Willen des Betroffenen zu erkennen helfen?

In diesem Buch sollen Situationen dargestellt werden, in denen eine Patientenverfügung überhaupt von Bedeutung ist. Der Leser wird sehen, dass die Patientenverfügung nur in ganz wenigen Situationen (wenn keine Selbstbestimmung mehr möglich ist) von Nöten ist. Es werden Möglichkeiten aufgezeigt, die im Bereich von Pflegeinstitutionen wahrgenommen werden können, um einerseits »Indizien« für den selbstbestimmten Willen des Betroffenen zu sammeln, andererseits Strategien zu schaffen, um Entscheidungsprozesse, die dem Pflegebedürftigen ein möglichst hohes Maß an Selbstbestimmung einräumen, zu fördern.

Dieses Buch soll den Mitarbeitern in Pflegeeinrichtungen helfen,
• sich in der rechtlichen Situation zurecht zu finden,
• die Möglichkeiten von Patienten- und Betreuungsverfügungen sowie Vorsorgevollmachten zu kennen
• die Anforderungen, die an wirksame und anwendbare Patienten- und Betreuungsverfügungen sowie Vorsorgevollmachten gestellt werden zu kennen
• Möglichkeiten zu kennen, die in der eigenen Einrichtung als Struktur und Prozess aufgebaut werden können, damit das Selbstbestimmungsrecht des Betroffenen möglichst weitgehend berücksichtigt wird
• Grenzen eigener Selbstbestimmung erkennen

Wir möchten Transparenz in den Dschungel der Unsicherheiten und Fragen zum Selbstbestimmungsrecht und zum Einsatz von Patienten- und Betreuungsverfügungen sowie Vorsorgevollmachten geben. Über kritische Anmerkungen, Ergänzungen oder Fragen würden wir uns sehr freuen.

Duisburg, im Januar 2006   Angela Paula Lëser

Dortmund, im Januar 2006   Heike Ambrosy

1 Selbstbestimmung und Autonomie als hohes Gut des Menschen

Angela Löser

Seit es Menschen gibt, werden Aussagen über Möglichkeiten und Grenzen von autonomem Handeln gemacht. Insbesondere, wenn Menschen in sozialen Gruppen zusammenleben oder wenn einzelne Mitglieder einer Gesellschaft nicht mehr zu vollständigem autonomen Entscheiden und Handeln fähig sind, bedarf es einer gemeinsamen Übereinkunft der entsprechenden Werte und Normen. Hierzu wird in der sich wandelnden Welt eine immer wiederkehrende Reflexion erforderlich.

Neben den Forderungen, Maßnahmen zum Lebensende ablehnen zu können, gibt es Situationen, in denen Pflegende und Ärzte um Hilfe zur Lebensbeendigung gebeten werden. Selbstbestimmung um jeden Preis – so scheint die Forderung zu lauten.

1.1 Das Recht des Menschen auf Selbstbestimmung

Möglichkeiten und Grenzen autonomer Entscheidungsprozesse werden häufig unterschiedlich definiert. Das nachfolgende Kapitel soll verschiedene Grundüberlegungen vorstellen und gesetzliche Vorgaben aufzeigen.

1.1.1 Der humanistische Grundgedanke: Der Mensch als selbstbestimmtes, individuelles Wesen

Selbstbestimmung bedeutet die Fähigkeit und Möglichkeit, selbst bestimmen und handeln zu können. Dieses Charakteristikum des Menschseins ist ein Hauptmerkmal des humanistischen Menschenbildes.

Nachdem in der 30er Jahren des 20. Jahrhundert durch das autoritäre Hitlerregime die Selbstbestimmung weitestgehend eingeschränkt war und die Psychologie noch durch den Behaviorismus (der Mensch reagiert in einer vorhersehbaren Weise auf einen verabreichten Reiz) und durch die Psychoanalyse nach *Sigmund Freud* geprägt war, entwickelte sich in den 60er Jahren eine neue Richtung: die humanistische Psychologie. Die neue Auffassung vom Menschen führte zur Bildung zahlreicher neuer Therapieverfahren (z. B. Gesprächstherapie, Verhaltens- oder Gestalttherapie) und beeinflusste daneben auch stark die Sichtweise der Bedürfnisse des Menschen und seiner Fähigkeiten.

1964 wurde durch *Carl Bugenthal* das humanistische Menschenbild geprägt, in dem so etwas wie die Prinzipien der humanistischen Psychologie formuliert wurden (vgl. *Quittmann* 1996). Diese besagen:

»1. Der Mensch in seiner Eigenschaft als menschliches Wesen ist mehr als die Summe seiner Bestandteile, d. h. obwohl die Kenntnis der Teilfunktionen des Menschen wichtiges Wissen darstellt, betont Bugenthal die Einzigartigkeit und das Person-Sein des Menschen.«

Wenn diese Einzigartigkeit besteht und der Mensch mehr ist als die Summe seiner Teilfunktionen, kann dann ein anderer Mensch die vorhandene Lebensqualität für einen Betroffenen einschätzen oder Entscheidungen für diesen übernehmen? Hier wird bereits die Tragweite der Problematik deutlich, wenn in Altenheimen oder anderen Pflegeeinrichtungen Pflegende, Ärzte oder Angehörige Entscheidungen für einen kranken, alten oder entscheidungsunfähigen Menschen übernehmen müssen. Kann ein Leben auch dann als lebenswert gewertet werden, wenn die körperliche Ebene zunehmend versagt? Wer bewertet dies und wie?

»2. Das menschliche Existieren vollzieht sich in menschlichen Zusammenhängen, d. h. die Einzigartigkeit des Menschen drückt sich z. B. darin aus, dass seine Existenz immer an zwischenmenschliche Beziehungen gebunden ist.«

Wie lässt sich eine Existenz bewerten, wenn der Betroffene aufgrund einer fortgeschrittenen Demenz nicht mehr Anteil an seiner Umwelt nimmt und unfähig geworden ist zur Kommunikation und Beziehungspflege mit anderen Menschen? Wie verhält es sich mit seiner Existenz, wenn er sich selbst nicht mehr als Person erkennt; nicht mehr weiß, wer er ist und war, was er wollte und will; seine Biografie nicht mehr kennt und Vergangenheit und Gegenwart für ihn nicht mehr existieren? Welche Verantwortung hat die Gesellschaft für einen solchen Menschen?

»3. Der Mensch lebt bewusst, d. h. unabhängig davon, wie viel dem menschlichen Bewusstsein jeweils zugänglich ist, ist die jeweils verfügbare Bewusstheit ein Wesensmerkmal des Menschen und Grundlage für das Verstehen menschlicher Erfahrung.«

Wie erfährt ein Mensch, dessen Bewusstsein eingeschränkt oder verloren gegangen ist, seine Existenz? Wie können Außenstehende erkennen, wie viel oder was ein Mensch bewusst erkennt oder registriert? Was er will oder ablehnt?

»4. Der Mensch ist in der Lage zu wählen und zu entscheiden, d. h. dieses Postulat folgt gewissermaßen aus dem vorherigen; denn wenn ein Mensch bewusst lebt, braucht er nicht in der passiven Zuschauerrolle zu verharren, sondern kann durch aktives Entscheiden seine Lebenssituation verändern.«

Wie weit kann ein Mensch, der nur noch eingeschränkt denken und entscheiden kann, der nicht mehr in der Lage ist, **bewusst** zu wählen, noch aktiv entscheiden? Gibt es hier Grenzen? Welche Möglichkeiten kann er wählen, um zu einem Zeitpunkt, an dem er noch entscheidungsfähig ist, spätere Entscheidungen vorzuplanen und festzulegen? Wie haben die übrigen Gesellschaftsmitglieder derartige Vorplanungen zu bewerten und in das jeweilige Handeln zu integrieren?

»5. Der Mensch lebt zielgerichtet, d. h. der Mensch lebt auf ein Ziel bzw. auf Werte hin, die die Grundlage seiner Identität sind; das unterscheidet ihn von anderen Lebewesen«.

Was passiert, wenn der Mensch keine Ziele mehr für sich erkennen kann oder seine Ziele nicht mehr in der aktiven Weiterführung seines Lebens zu sehen sind? Was geschieht, wenn seine Ziele nicht mit den Zielen der Institution, mit den Zielen der Angehörigen, der Ärzte oder der Pflegenden übereinstimmen? Wessen Ziele haben Vorrang? Wie können Ziele bei Menschen mit Einschränkungen des Bewusstseins erkannt und in notwendig werdende Entscheidungsprozesse integriert werden? (vgl. *Quittmann* 1996, S. 14 ff.) Was geschieht mit im Vorfeld formulierten Zielen und dementsprechend geplanten Maßnahmen (die z. B. in einer Patientenverfügung festgelegt sind)?

Es wird deutlich: Die in diesem humanistischen Menschenbild ausgesprochenen Gedanken der Autonomie und Selbstbestimmung sind stark gebunden an ein funktionierendes Bewusstsein, an Zielsetzungen, die der Betroffene selber setzen kann und an eine reflektierte Maßnahmengestaltung. Diese Fähigkeiten sind bei Menschen mit gerontopsychiatrischen Erkrankungen jedoch mehr oder minder eingeschränkt.

Hier wird es umso wichtiger, aus alten, vorher festgelegten Informationen, aus einer Patientenverfügung oder aus Daten, die im Rahmen des Pflegeprozesses dokumentiert wurden, den ausgesprochenen oder mutmaßlichen Willen erkennen zu können. Dennoch darf die Geschäftsfähigkeit nicht mit der Fähigkeit zur Willensbekundung verwechselt werden, d. h., auch der Mensch mit einer eingeschränkten oder nicht mehr vorhandenen Geschäftsfähigkeit (der in der Regel unter Betreuung steht), kann seinen Willen äußern (siehe auch Kapitel 1.2.2).

1.1.2 Forderung nach Selbstbestimmung in den Pflegetheorien

Die meisten der modernen Pflegetheorien weisen auf die Grundgedanken des humanistischen Menschenbildes und auf die Individualität des Menschen in seiner je spezifischen Lebenssituation hin. Bei *Orem* werden die Begriffe der »Selbstpflegekompetenz« und »Selbstpflegeerfordernisse« genannt (vgl. *Sander* 2001, S. 17). Hierbei muss das, was unter »Kompetenz« und »Pflegeerfordernis« verstanden wird, nicht den Einschätzungen der Pflegekraft entsprechen.

Ob ein Mensch sich z. B. jeden Tag waschen und seine Kleidung wechseln möchte, hängt nicht nur vor seiner Fähigkeit ab, entsprechende Aktivitäten selbst zu planen und durchzuführen. Eine entscheidende Rolle spielen die Gewohnheiten: Hat sich der Betroffene z. B. vorher jeden Tag gewaschen? Empfindet er die jetzt vorhandene Unfähigkeit überhaupt als ein Problem? Die entsprechende Kompetenz kann unter Umständen allein von der Pflegeperson (oder einem Angehörigen) bewertet werden, das Selbstpflegeerfordernis hingegen wird vom Betroffenen bewertet.

Bei *Krohwinkel* kommt der Bereich der existenziellen Erfahrungen hinzu (vgl. *Sander* 2001, S. 25 f.). Neben Erfahrungen, die die Sicherheit stärken oder gefährden können, gibt es zahlreiche Erfahrungen im Sinne von Problemlösungskonzepten: Was hat der Betroffene z. B. bei Fieber gemacht? – Welche Maßnahmen sorgten dafür, dass er sich bald wieder wohler fühlte? Hierzu gehören auch Zustände und Befindlichkeiten, die bei einem anderen Menschen vielleicht sogar als krankhaft oder störend empfunden würden.

Ein Beispiel:
Wenn ein Mensch während seines gesamten Lebens oder wenigstens während der letzten fünf bis zehn Jahre nur 50 Kilogramm (mit einem BMI von unter 18) wog, sich dabei aber wohl gefühlt und keinerlei krankhafte Störungen gezeigt hat, so ließe sich dieses Gewicht als so genanntes »Wohlfühlgewicht« oder individuelles Gewicht bezeichnen. Hier besteht demnach zunächst keine Veranlassung, den Menschen gegen seinen Willen mit hochkalorischer Nahrung zu versorgen oder gar eine PEG legen zu lassen, um den Normwert beim BMI zu erreichen. Pflege darf sich immer nur an den individuellen Bedürfnissen und Gewohnheiten orientieren, denn sie schreibt sich selbst den Anspruch der Orientierung an Individualität und Patienten- bzw. Bewohnerorientierung zu.

Der Durchführung einer Maßnahme, die die Pflegekraft selbst als richtig erachtet, die aber nicht den Bedürfnissen des Betroffenen entspricht, ist eine enge Grenze gesetzt. Die Überschreitung dieser Grenze erfüllt ggf. sogar den Tatbestand der Körperverletzung. Sie ist daher nicht erlaubt. Hierzu gibt es nur einen

Ausnahmebereich: Besteht akute Gefahr für den Betroffenen (für Leib und Leben) oder gefährdet er andere mit seiner Handlung, darf eingeschritten werden. Dieses ist jedoch im Pflegebericht zu dokumentieren.

Bei *Juchli* taucht die ATL »Sinn finden« auf. Sich für oder gegen etwas zu entscheiden, ist nur möglich, wenn der Mensch den Sinn, der sich dahinter verbirgt, erkennen kann, d. h., wenn er ein Motiv zur Erreichung dieses Ziels hat. Gerade im Rahmen einer beginnenden demenziellen Erkrankung erkennt der Betroffene den Sinn einer Maßnahme nicht mehr oder vermutet einen anderen Sinn. So reagiert er möglicherweise so heftig, dass es für einen Außenstehenden nicht nachvollziehbar ist. Betroffener und Außenstehender sprechen nicht mehr die gleiche Sprache und können infolgedessen keinen Austausch über den Sinn einer Maßnahme führen.

Es gibt noch zahlreiche andere Pflegetheorien, die hier nicht erörtert werden können. Sie weisen jedoch alle mehr oder weniger stark ausgeprägt auf die Individualität hin. Wenn der Mensch individuell ist, hat er auch individuelle Bedürfnisse, bewertet Situationen individuell und hat auch individuell andere Gründe, die ihn leben oder vielleicht auch sterben lassen. Obwohl die professionelle Pflege natürlich in erster Linie die Betreuung, Begleitung und Pflege von Menschen im und zum Leben verfolgt, ist sie auch der Begleitung im Sterben bis zum Tod hin verpflichtet. Insbesondere in Einrichtungen, die sich den Gedanken von Palliative Care widmen, muss es auch ein Loslassen geben, damit der andere seinen Weg gehen kann (dieses Gehen wird dann besonders wichtig, wenn es keine Chance auf Heilung mehr gibt und lebensverlängernde Maßnahmen das Leiden nur verlängern würden). Vorwiegend bei Menschen mit chronischen und progredient, also fortschreitend, verlaufenden Erkrankungen muss daher die Frage gestellt werden, ob es nicht menschlicher ist, den natürlichen Sterbeprozess seinem Verlauf zu überlassen. Bei solchen Entscheidungsprozessen ist ein vorher fixierter schriftlicher Wille (z. B. in einer Patientenverfügung) oder ein geäußerter oder mutmaßlicher Wille (Pflegeplanung, Befragung der Angehörigen, eines eingesetzten Betreuers oder der Pflegenden) zu berücksichtigen (siehe auch Kapitel 3).

1.1.3 Merkmale und Bedingungen für Selbstbestimmtheit

Die Forderung nach Berücksichtigung der Selbstbestimmung ist stark. Es gibt jedoch Einschränkungen, die dazu führen, dass Mediziner und Pflegende eingreifen und das Selbstbestimmungsrecht des Menschen beschneiden. In bestimmten Situationen wird es notwendig, dass andere Menschen Entscheidungen für einen Betroffenen übernehmen. Dies ist insbesondere bei einer akuten Notsituation notwendig: Der Betroffene kann seine Lage und die damit verbundenen schwer

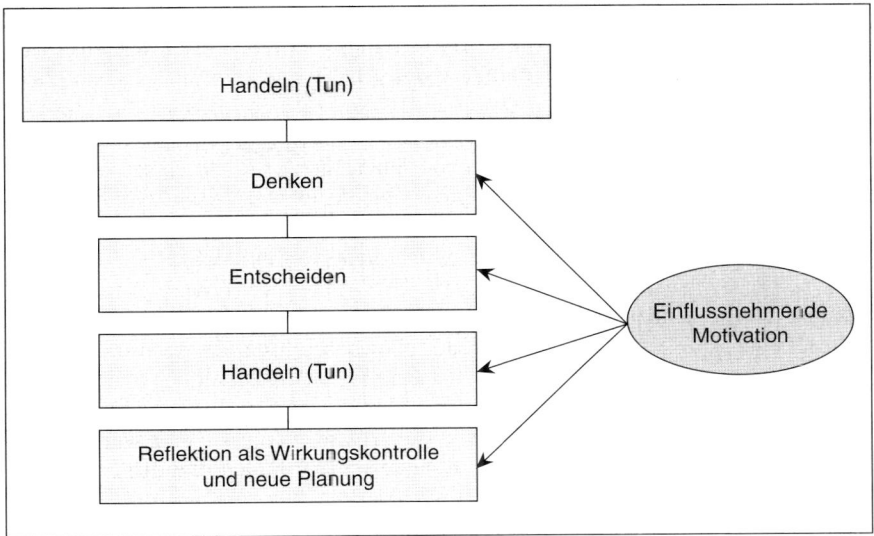

Abb. 1: Die drei Teilschritte des selbstbestimmten Handelns.

wiegenden Bedingungen und Folgen nicht erkennen. In diesen Fällen darf trotzdem nur kurzfristig gegen oder ohne Einwilligung des Betroffenen gehandelt werden (z. B. durch Einsatz einer Fixierung).

Die Fähigkeit zum selbstbestimmten Handeln setzt den funktionierenden und reflektierten Ablauf einer Handlungskette voraus. Diese besteht aus drei wichtigen Teilschritten (vgl. Abbildung 1).

Wichtig:

Autonomes Entscheiden ist nur dann möglich, wenn der Betroffene **denken und seine Gedanken reflektieren** kann. Er muss über ein **waches Bewusstsein** verfügen, Erfahrungen der Vergangenheit aktivieren und die **Folgen von Handlungen** einschätzen, d. h. voraussehen können. Kann ein Betroffener nicht mehr logisch und klar denken, oder ist die Fähigkeit, die Folge einer Handlung einschätzen zu können, eingeschränkt, wird auch die Möglichkeit für selbstbestimmte Entscheidungen eingeschränkt sein (weil der Betroffene sich z. B. akut gefährdet). Die Fähigkeit zur freien Willensäußerung ist hieran nicht gebunden. Auch ein Mensch mit eingeschränkten kognitiven Fähigkeiten kann seinen Willen (z. B. durch eine Abwehrhaltung) zum Ausdruck bringen.

Früher oder später entwickelt sich oft eine allgemeine Ängstlichkeit, in einer konkreten Situation möglicherweise nicht richtig entscheiden zu können. Entscheidungen werden hinausgeschoben oder Handlungen unterlassen (weil der Betroffene nicht mehr weiß, was er will) bzw. falsche, also unangemessene Handlungen gestartet. Dieses Muster zeigt sich bei vielen gerontopsychiatrischen Erkrankungen. So läuft z. B. ein Bewohner im Schlafanzug mitten im Winter auf die Straße, weil er »gerade irgendwohin möchte«. Er denkt nicht daran, dass er krank werden könnte, dass die Autos ihn gefährden, dass er später vermisst werden wird. Er kann nur noch denken, dass er irgendwo hin möchte.

Hier dürfen Pflegende den Betroffenen nicht einfach in diese Gefährdung hineinlaufen lassen, diese also gewissermaßen tolerieren, sondern müssen die Gefahr abwenden. In diesem Beispiel wird die Pflegekraft den Bewohner nicht einfach laufen lassen. Sie wird versuchen, ihn zur Umkehr zu bewegen, ihn abzulenken (und dies manchmal mit mehr oder minder fremdbestimmten Handlungsvorgaben). Hier muss aktuell und akut Gefahr abgewendet werden und diese Situation verändert die Rahmenbedingungen der autonomen Entscheidungsmöglichkeiten, d. h. ein anderer Mensch wird die Entscheidung treffen, dass der Betroffene im Winter nicht länger außerhalb der Einrichtung herumirren darf.

Was aber ist, wenn der Betroffene über einen bereits längeren Zeitraum deutlich macht, dass er keinen Sinn mehr im Leben sieht, dass er doch jetzt alt geworden ist (zudem krank) und dass er eigentlich sterben möchte? Hat dann die Einrichtung, die Pflegekraft oder der behandelnde Arzt das Recht, diesen Menschen durch die Anlage einer Magensonde gegen seinen Willen am Leben zu erhalten? Diese Entscheidung des Betroffenen und der Ausdruck seines Willens könnte durch eine Patientenverfügung oder durch Hinweise in der Pflegedokumentation erleichtert werden.

Jede Einschränkung und jegliches Eingreifen in das Selbstbestimmungsrecht des Menschen muss intensiv geprüft werden. Es müssen in jedem Fall intensive Beobachtungen und Angebote von Alternativlösungen erfolgen.

Folgende Fragen können hierbei hilfreich sein:

• Wie würde der Betroffene reagieren, wenn er jetzt selbstbestimmt entscheiden könnte?
• Was könnte geschehen, wenn der Entscheidung und dem Handeln des Betroffenen freier Raum gegeben wird?
• Kann sich hier eine akute Gefahr entwickeln, die der Betroffene nicht erkennen kann und die in dieser Form nicht tolerabel ist?

- Greift ein gegensteuerndes Verhalten von Angehörigen, Betreuern, Ärzten und Pflegenden in ethisch-moralisch nicht vertretbaren Grenzen ein (dürfen diese z. B. die Anlage einer PEG anstreben und einleiten und die Versorgung über einen langen Zeitraum auch ohne Verbesserung der Lebensqualität aufrechterhalten, wenn der Betroffene dies ausdrücklich abgelehnt hat)?
- Ist eine Einschränkung des Selbstbestimmungsrechts dauerhaft zu rechtfertigen (darf z. B. ein Mensch, der einmal gestürzt ist, dauerhaft in seinem Rollstuhl fixiert werden, um einen weiteren Sturz zu vermeiden)?
- Kann die Pflegeperson die Entscheidung allein treffen, oder bedarf es der Integration des Arztes in den Entscheidungsprozess (im Sinne der Indikationsstellung oder -ablehnung für eine bestimmte Maßnahme)?

Probleme und Gefährdungen, eingeleitete Maßnahmen und Beobachtungen zu ihren Wirkungen sind im Pflegebericht zu dokumentieren.

Recht und Pflicht

Der Mensch hat einen Anspruch, also ein Recht auf eine Behandlung. In den Richtlinien zur ärztlichen Sterbebegleitung ist verankert, dass auch ein Sterbender einen Anspruch auf eine Behandlung hat, auf die Versorgung mit Flüssigkeit und Nahrung, auf Pflege und menschliche Zuwendung. Dieser Anspruch ist jedoch als Recht auf diese Maßnahmen zu sehen, nicht als Pflicht, diese in jedem Fall in Anspruch zu nehmen. Sie sind ein Angebot, das vom Betroffenen auch abgelehnt werden kann (siehe auch Kapitel 1.2).

Ärztliche Maßnahmen werden im Sinne eines Behandlungsangebotes verstanden, in die der Betroffene einwilligen, die er aber auch ablehnen kann. Dieser Weg der Entscheidungsfindung ist maßgeblich vom Arzt zu gestalten. Hierauf verweist auch das Deutsche Ärzteblatt (vgl. *Borasio* 2003, S. 262 ff.) Die Pflegeperson allein kann keine Entscheidung über die Einleitung, Änderung oder Beendigung von Behandlungsmaßnahmen treffen. Sie muss im Bereich therapeutischer Fragestellungen in jedem Fall den Arzt informieren und ihn einbeziehen.

1.2 Rahmenbedingungen für selbstbestimmtes Handeln in den Gesetzen

Heike Ambrosy

1.2.1 Das Recht des Menschen auf Selbstbestimmung: Fundierung im Grundgesetz

Das Selbstbestimmungsrecht gehört zum Kernbereich der Grundrechte und ist in Art. 2 Absatz 2 Satz 1 Grundgesetz (GG) geregelt: *»Jeder hat das Recht auf Leben und körperliche Unversehrtheit.«* Das Grundgesetz schützt damit die Würde und Freiheit des Menschen. Ferner handelt es sich dabei um eine Form der Wahrnehmung des allgemeinen Persönlichkeitsrechts.

Im Hinblick auf ärztliche Heileingriffe bedeutet dies, dass jeder Mensch frei darüber entscheiden kann, ob er ärztlich behandelt werden möchte oder nicht und vor allem: wie er behandelt werden möchte. Dies gilt auch dann, wenn die Ablehnung einer Behandlung aus medizinischer Sicht unvernünftig erscheint. Die Rechtsprechung stellt das Selbstbestimmungsrecht des Patienten höher als dessen Wohl. Der Arzt darf also nicht gegen den Willen des Patienten handeln. Er benötigt daher für jede Behandlung, für jeden Eingriff das Einverständnis des Patienten. »Es gibt keine Zwangsbehandlung gegen den frei verantwortlichen Willen eines Patienten« (*Hell* 2003, S. 138). Verstößt der Arzt hiergegen, begeht er aus strafrechtlicher Sicht eine Körperverletzung. Nach der Rechtsprechung stellt jeder ärztliche Eingriff, selbst dann, wenn er »lege artis«, also kunstgerecht, durchgeführt wurde, tatbestandlich eine Körperverletzung im Sinne der §§ 223 ff. Strafgesetzbuch (StGB) dar. Unerheblich ist auch, ob es sich um lebensverlängernde oder lebenserhaltende Eingriffe oder um Eingriffe handelt, die der palliativmedizinischen Versorgung dienen. Um nicht bestraft zu werden, benötigt der Arzt daher einen Rechtfertigungsgrund. Dieser kann in der ausdrücklichen oder mutmaßlichen Einwilligung des Patienten oder bei Gefahr für Leib oder Leben im rechtfertigenden Notstand liegen.

Das Selbstbestimmungsrecht schließt auch das Recht zu sterben ein (*Wagenitz, FamRZ*, S. 669, 670). Ebenso wie jeder Mensch einen Anspruch auf absoluten Schutz seines Lebens hat, hat er im Gegensatz dazu das Recht auf ein menschenwürdiges Sterben.

Das bedeutet, dass der Patient, der sowohl in den Beginn als auch in die Weiterführung einer lebenserhaltenden oder lebensverlängernden Behandlung einwilligen muss, diese auch ablehnen kann. Das gilt selbst dann, wenn eine medizinische Indikation für die Behandlung vorliegt und unabhängig davon, ob die Krankheit bereits einen nicht mehr aufzuhaltenden tödlichen Verlauf angenommen hat und der Todeseintritt nahe bevorsteht. Der Patient kann also z. B. eine künstliche Flüssigkeits- und Nahrungszufuhr durch Magensonde oder PEG, eine maschinelle Beamtung oder die Bekämpfung zusätzlich auftretender Krankheiten ablehnen. Die Aufgabe des Arztes besteht dann in der Sterbebegleitung. Er muss nur noch die Basisversorgung des Patienten garantieren. Die lebenserhaltende Behandlung muss in diesem Fall durch ein palliatives, ärztliches und pflegerisches Versorgungsangebot ersetzt werden. Nach dem Bericht der Arbeitsgruppe *»Patientenautonomie am Lebensende«* vom 10 Juni 2004 gehören dazu *»u. a. das Stillen von Hunger und Durst auf natürlichem Wege, einschließlich der Hilfe bei der Nahrungs- und Flüssigkeitsaufnahme, erforderlichenfalls fachgerechte Pflege von Mund und Schleimhäuten sowie menschenwürdige Unterbringung, Zuwendung, Körperpflege und das Lindern von Schmerzen, Atemnot, Übelkeit und anderer belastender Symptome«* (*Arbeitsgruppe »Patientenautonomie am Lebensende«* Bericht S. 7).

Da die Wahrung des Selbstbestimmungsrechts stets eine Einwilligung des Patienten in ärztliche Maßnahmen voraussetzt und eine einmal erteilte Einwilligung jederzeit widerrufen werden kann, trifft die letzte Entscheidung über seine Behandlung mithin der einwilligungsfähige Patient. Voraussetzung ist jedoch, dass der Patient einwilligungsfähig ist. Die Einwilligungsfähigkeit darf nicht mit der Geschäftsfähigkeit verwechselt werden.

1.2.2 Definition und Unterschied: Geschäftsfähigkeit – Einwilligungsfähigkeit

Unter **Geschäftsfähigkeit** versteht man die Fähigkeit, selbst mit voller Wirksamkeit Rechtsgeschäfte abschließen zu können. Man ist also in der Lage, Willenserklärungen abzugeben, die Rechtsfolgen nach sich ziehen, z. B. einen Vertrag abzuschließen (vgl. *Hell* 2003 S. 204; *Steffen* 1999, S. 110). Die Geschäftsfähigkeit ist in drei Stufen unterteilt:

1. Geschäftsunfähig ist gemäß § 104 Bürgerliches Gesetzbuch (BGB): *»1. wer nicht das siebente Lebensjahr vollendet hat, 2. wer sich in einem die freie Willensbestimmung ausschließenden Zustand krankhafter Störung der Geistestätigkeit befindet, sofern nicht der Zustand seiner Natur nach ein vorübergehender ist.«*
2. Beschränkt geschäftsfähig ist gemäß § 106 BGB, *»wer das siebente, aber noch nicht das achtzehnte Lebensjahr vollendet hat.«*
3. Unbeschränkt geschäftsfähig ist, wer das achtzehnte Lebensjahr vollendet hat und sich nicht *»in einem die freie Willensbildung ausschließenden Zustand krankhafter Störung der Geistestätigkeit befindet«* (s. o.).

Die fehlende Geschäftsfähigkeit hat aber keinerlei Einfluss auf die **Einwilligungs-fähigkeit**. Darunter ist die Fähigkeit zu verstehen, die Bedeutung und Folgen einer Einwilligung abschätzen zu können. Es handelt sich dabei um eine natür-liche Einsichts- oder Urteilsfähigkeit. Diese kann bei Minderjährigen oder bei Störung der Geistestätigkeit fehlen. Dies ist jedoch nicht zwingend erforderlich, so dass auch Minderjährige und unter Betreuung stehende Personen durchaus einwilligungsfähig sein können.

Die Einwilligungsfähigkeit muss für jeden ärztlichen Eingriff gesondert festge-stellt werden. Die Feststellung ist eine Frage des Einzelfalls und kann durch Zu-hilfenahme verbaler oder nonverbaler Äußerungen, Biografien und bisherigem Verhalten des Betroffenen erfolgen. Wichtig ist eine genaue Beobachtung des Patienten. Liegen danach Einsichts- und Urteilsfähigkeit des Patienten vor, so ist seine Entscheidung maßgeblich. Erst wenn es an der Einwilligungsfähigkeit des Patienten fehlt, endet auch seine Selbstbestimmung, sofern für diesen Fall keine Vorkehrungen getroffen wurden.

1.2.3 Einschränkungen der Selbstbestimmung

Das Selbstbestimmungsrecht des Menschen kann Einschränkungen erfahren, wenn er selber nicht mehr in der Lage ist, seinen Willen zu äußern und für diesen Fall keine Vorkehrungen getroffen hat. Das kann z. B. bei geistig verwirrten und damit urteils- bzw. einwilligungsunfähigen Menschen oder bei Bewusstlosen der Fall sein.

Wichtig:

Das Selbstbestimmungsrecht endet in derartigen Situationen nur dann, wenn der Patient für die jeweilige Situation keine ausdrückliche Anordnung (z. B. in einer Patientenverfügung) getroffen hat und auch sein mutmaßlicher Wille nicht erkennbar ist.

Ist der Patient selbst nicht mehr einwilligungsfähig, muss, sofern auch keine Vor-sorgevollmacht vorliegt, ein Betreuer bestellt werden. Die Einwilligung muss dann durch den Betreuer oder den Bevollmächtigten erteilt werden. Zu beachten ist jedoch, dass sowohl der gesetzliche Betreuer als auch der Bevollmächtigte nach einem Beschluss des XII. Zivilsenats des Bundesgerichtshofs (BGH) vom 17. März 2003 (Az. XII ZB 2/03) seine Einwilligung in eine vom Arzt angebo-tene lebenserhaltende oder lebensverlängernde Behandlung nur mit Zustimmung des Vormundschaftsgerichts wirksam verweigern darf (siehe auch Kapitel 3).

Eine weitere Grenze des Selbstbestimmungsrechts stellt schließlich das Verbot dar, vom Arzt eine gezielte Lebensbeendigung, also eine **aktive Sterbehilfe**, zu verlangen. Die direkte aktive Sterbehilfe ist ein Tötungsdelikt und damit strafbar, selbst wenn sie auf ausdrückliches Verlangen des Patienten erfolgt (siehe auch Kapitel 2.1).

Zwar entspricht dem staatlichen Lebensschutz auch, wie oben dargestellt, das Recht eines jeden Menschen, in Würde zu sterben. Jedoch wird überwiegend die Ansicht vertreten, dass dem Grundrecht auf Leben nicht das Recht entnommen werden kann, das eigene Leben zu beenden (vgl. *Schell* 2002, S. 23).

Wichtig:
Das Selbstbestimmungsrecht umfasst nicht das Recht auf Selbsttötung.

Auch wenn jemand für einen Selbsttötungsversuch nicht bestraft wird, so wird dennoch nach geltendem Recht darin eine Störungslage gesehen, die vom Staat zu beseitigen ist. Das in Art. 2 Absatz 2 Satz 1 GG festgeschriebene Selbstbestimmungsrecht enthält daher keinen Anspruch gegenüber Dritten auf aktive Sterbehilfe. Vielmehr besteht im Gegenteil sogar die vom Staat festgelegte Pflicht, *»im Falle einer Selbsttötung durch geeignete Hilfe den Erfolg der Tat abzuwenden: Wer nämlich in dem Zeitpunkt, in dem der Täter die Herrschaft über den von ihm in Gang gesetzten Geschehensablauf verloren hat, durch fahrlässiges, pflichtwidriges Unterlassen eine weitere Ursache für den Tod setzt, macht sich der fahrlässigen Tötung schuldig. Man geht davon aus, dass in einem solchen Falle das Selbstbestimmungsrecht zurücktritt«* (*Schell* a.a.O.).

2 Sterbebegriff und Sterbehilfe in den verschiedenen Wissenschaftsdisziplinen und in der Sichtweise von Palliative Care

Angela Paula Löser

Die Interpretation von »Sterbehilfe«, »Hilfe im Sterben und im Leben« setzt voraus, dass ein Verständnis des Sterbeprozesses vorliegt. Dieses Verständnis ist nicht einheitlich in den verschiedenen Wissenschaftsdisziplinen, wie sich nachfolgend herausstellt. So wird die derzeitige Problematik der gesellschaftlichen Diskussion in diesem Bereich wenigstens teilweise erklärlich.

2.1 Sterbehilfe aus juristischer Sicht

Heike Ambrosy

2.1.1 Begriffsbestimmung

Unter Sterbehilfe versteht man aus juristischer Sicht *»die Hilfe, die einem Menschen beim oder zum Sterben geleistet wird, um so dem Sterbenden einen würdevollen Tod zu ermöglichen«* (*Steffen* 1999, S. 96).

2.1.2 Geschichtlicher Überblick

Die Sterbehilfe geht auf den Einfluss christlicher Ethik im 4. Jahrhundert n. Chr. zurück. Erst zu diesem Zeitpunkt wurden auch chronisch kranke Patienten in Hospitälern gepflegt und es galt, das Leben eines jeden Menschen zu erhalten. In der Antike bis ins späte Mittelalter wurden unheilbar Kranke und Sterbende ihrem Schicksal überlassen und teilweise sogar von der Gesellschaft verstoßen. *»Plato und Aristoteles empfehlen, unheilbar Kranke medizinisch nicht zu behandeln«* (*Klie* 2001, S. 139; vgl. dazu auch *Uhlenbruck/Ulsenheimer* in: *Laufs/Uhlenbruck* 2002, § 132 Rn. 8).

Im 19. Jahrhundert wurde die Diskussion, ob man schwerkranken und leidenden Menschen Sterbehilfe leisten darf, wieder aufgenommen. Im Dritten Reich folgten so genannte *»Euthanasieaktionen, bei denen rund 80.000 bis 100.000 Patienten aus psychiatrischen Krankenhäusern und anderen Einrichtungen und Anstalten getötet wurden«* (*Klie* 2001, S. 140). Dadurch geprägt, geht die Bundesrepublik Deutschland auch heute noch wesentlich strikter mit dem Thema um, als z. B. die Nachbarländer Schweiz oder die Niederlande. Der Umgang mit Sterbehilfe wird heute maßgeblich von christlicher Ethik, ärztlichen Standesrichtlinien und Strafgesetzen beeinflusst.

2.1.3 Konfliktsituationen

Im Rahmen der Sterbehilfe besteht ein Spannungsfeld zwischen folgenden Rechtspositionen: Lebensschutz, Selbstbestimmungsrecht des Patienten und den Pflichten des Arztes.

2.1.3.1 Lebensschutz

In der Bundesrepublik Deutschland zählt das menschliche Leben zu den höchsten und wichtigsten Rechtsgütern (Grundgesetz Art. 2 Absatz 2): Das dort geregelte Recht auf Leben steht jedem lebenden Menschen bis zum Tode zu und gilt nach Auffassung des Bundesverfassungsgerichts auch bereits für das ungeborene Leben. Dabei wird der Lebensschutz jedem Menschen unbegrenzt gewährt. Es kommt also nicht darauf an, ob jemand behindert, geistig verwirrt oder todkrank ist. Durch die Festlegung des Lebensschutzes im Grundgesetz ist der Staat verpflichtet, jegliches Leben absolut, also uneingeschränkt und umfassend zu schützen.

2.1.3.2 Selbstbestimmungsrecht des Patienten

Der Pflicht des Staates, jegliches Leben absolut zu schützen, steht das Selbstbestimmungsrecht eines jeden Menschen gegenüber (siehe auch Kapitel 1.2.1.).

2.1.3.3 Pflichten des Arztes

Die Pflichten des Arztes ergeben sich aus den Grundsätzen der Bundesärztekammer (BÄK) und aus der geltenden Rechtsordnung. Die Grundsätze der BÄK zur ärztlichen Sterbebegleitung legen standesrechtliche Pflichten fest. Diese sind zugleich auch Rechtspflichten des Arztes.

Die Bundesärztekammer hat ihre im September 1998 als »Grundsätze der BÄK zur ärztlichen Sterbebegleitung« verabschiedete Richtlinie 2004 überarbeitet und Patientenverfügungen, Vorsorgevollmachten und Betreuungsverfügungen ein deutlich stärkeres Gewicht eingeräumt. Anders als in den Richtlinien aus dem Jahre 1998, in denen die Verbindlichkeit einer Patientenverfügung noch verneint wurde, wurde die Bindungswirkung einer Patientenverfügung nunmehr anerkannt.

Die vorrangige Verpflichtung des Arztes besteht darin, das menschliche *»Leben zu erhalten, Gesundheit zu schützen und wieder herzustellen sowie Leiden zu* *lindern und Sterbenden bis zum Tod beizustehen*« (Grundsätze der Bundesärzte-kammer zur ärztlichen Sterbebegleitung 2004, Präambel). Er hat dabei jedoch das Selbstbestimmungsrecht des Patienten zu beachten. Das bedeutet, dass ihn keine Verpflichtung zur Lebenserhaltung um jeden Preis trifft.

So hatte bereits der Bundesgerichtshof festgestellt: »*Es gibt keine Rechtsver-pflichtung zur Erhaltung eines erlöschenden Lebens um jeden Preis. Maßnahmen zur Lebensverlängerung sind nicht schon deswegen unerläßlich, weil sie tech-nisch möglich sind. Angesichts des bisherige Grenzen überschreitenden Fort-schritts medizinischer Technologie bestimmt nicht die Effizienz der Apparatur, sondern die an der Achtung des Lebens und der Menschenwürde ausgerichtete Einzelfallentscheidung die Grenze ärztlicher Behandlungspflicht*« (BGHSt 32, S. 367, S. 379 f.; vgl. *Ulsenheimer* in: *Laufs/Uhlenbruck* 2002, § 149 Rn. 3).

Danach darf der Arzt von der Einleitung oder Weiterführung lebensverlängernder Maßnahmen absehen, wenn der Krankheitsverlauf nicht mehr aufgehalten wer-den kann, der Todeseintritt dadurch nur verzögert würde und dies dem Willen des Patienten entspricht. Gleiches gilt bei Patienten mit infauster Prognose, d. h. für jene, die sich noch nicht im Sterben befinden, deren Tod aber nach ärztlicher Erkenntnis aller Voraussicht nach in absehbarer Zeit eintreten wird. Maßgeblich ist immer, dass dies dem Willen des Patienten entspricht.

In jedem Fall endet die Pflicht des Arztes zur Lebenserhaltung aber dann, wenn jede Aussicht auf Rettung oder Besserung geschwunden ist und der Sterbepro-zess bereits eingesetzt hat.

Der Arzt befindet sich daher in dem Konflikt, sich möglicherweise eines Tö-tungsdeliktes strafbar zu machen, wenn er die Behandlung nicht aufnimmt oder abbricht, andererseits aber eine Körperverletzung zu begehen, wenn er die Be-handlung gegen den Willen des Patienten aufnimmt oder weiterführt.

2.1.3.4 Hauptkonflikt

Der Hauptkonflikt besteht also darin, dass sich zum Teil gegenläufige Interessen gegenüberstehen:
• Das **Interesse des Patienten**, sein Selbstbestimmungsrecht im Rahmen ärzt-licher Behandlung ausüben und in Würde sterben zu können.
• Die **staatliche Verpflichtung**, Leben zu schützen und zu erhalten.
• Das **Interesse des Arztes**, nicht gegen die Rechtsordnung zu verstoßen, d. h. Leben zu schützen und zu erhalten, zum anderen aber auch **den Willen des Patienten** zu wahren.

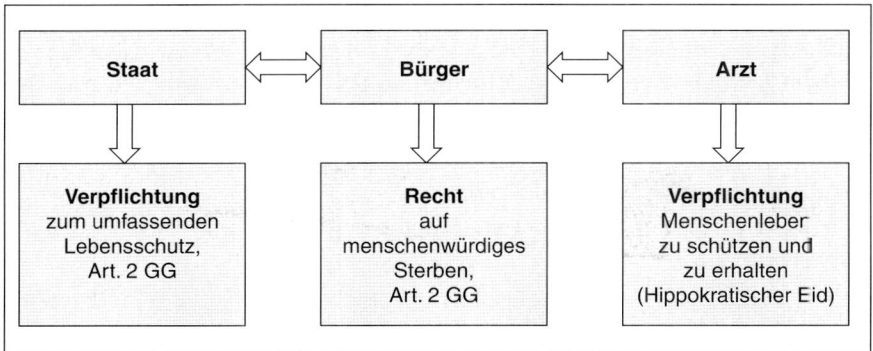

Abb. 2: Hauptkonflikt.

Dieser Konflikt spitzt sich angesichts des Fortschritts der Medizin und ihren immer perfekteren technischen Mitteln zur Aufrechterhaltung der Vitalfunktionen des Menschen stetig zu. Bei den Patienten steigt die Angst, zum Objekt der Medizin zu werden und unnötig lange an Schläuchen und Apparaten dahinvegetieren zu müssen. Aber auch die Ärzteschaft wird immer häufiger vor die Frage gestellt, ob und wenn ja, unter welchen Voraussetzungen ein Behandlungsabbruch erlaubt ist und wo die Grenzen der Behandlungspflicht enden.

Immer öfter stehen Ärzte vor der schwierigen Entscheidung, ob sie einen Patienten ohne Einleitung und Fortführung künstlicher, lebenserhaltender Maßnahmen in Ruhe sterben lassen dürfen oder ob sie verpflichtet sind, alles in ihrer Macht stehende zu tun, um das erlöschende Leben zu erhalten. Es kommt immer wieder vor, dass Angehörige den Arzt wegen eines Tötungsdeliktes anzeigen, weil er eine lebenserhaltende oder -verlängernde Behandlung abgebrochen hat. Gleichzeitig werden auch Pflegekräfte, vor allem in Pflegeheimen, zunehmend damit konfrontiert, ob sie in Grenzsituationen zwischen Leben und Tod verpflichtet sind, den Arzt einzuschalten bzw. eine Krankenhauseinweisung zu veranlassen.

In solchen Konfliktsituationen benötigen alle Beteiligten klare, eindeutige Antworten. *Ulsenheimer* weist daher darauf hin, dass die Problematik »*zu den zweifellos bewegendsten und schwierigsten ärztlichen, juristischen, ethischen und moralischen Problemen unserer Zeit*« gehört (*Ulsenheimer* a.a.O., § 149 Rn. 1; vgl. auch *Wagenitz* a.a.O.).

Trotz einer unüberschaubaren Flut an Literatur, höchstrichterlicher Grundsatzentscheidungen und Aktivitäten verschiedener Kommissionen, sowie der Bundesregierung gibt unser Rechtssystem bis heute keine handfeste Handlungsanweisung.

Zu Recht wird darauf hingewiesen, dass allgemeine Regelungen möglicherweise aufgrund der Umstände und Besonderheiten eines jeden Einzelfalles gar nicht umsetzbar sind.

Ärzte und Pflegekräfte müssen daher ihre Entscheidungen für jeden einzelnen Fall immer wieder neu treffen. Hier kann die Bildung von so genannten Ethikkommissionen in den jeweiligen Einrichtungen hilfreich sein, damit die Entscheidung nicht auf den Schultern einer einzigen Person lastet (siehe auch Kapitel 4.1.8)

2.1.4 Rechtliche Einordnung und gesetzliche Grundlagen der Sterbehilfe

Die Sterbehilfe ist rechtlich in das Strafrecht und hier in den Bereich der Tötungsdelikte einzuordnen. Diese finden sich im Strafgesetzbuch (StGB). Dazu gehören vor allem:

§ 222 StGB: *»Fahrlässige Tötung.*
Wer durch Fahrlässigkeit den Tod eines Menschen verursacht, wird mit Freiheitsstrafe bis zu fünf Jahren oder mit Geldstrafe bestraft.«

Wird die Handlung bewusst und gewollt, also vorsätzlich begangen, kann es sich um Totschlag handeln.

§ 212 StGB: *»Totschlag.*
(1) Wer einen Menschen tötet, ohne Mörder zu sein, wird als Totschläger mit Freiheitsstrafe nicht unter fünf Jahren bestraft.
(2) In besonders schweren Fällen ist auf lebenslange Freiheitsstrafe zu erkennen.«

Kommt bei dem Täter ein Mordmotiv hinzu, wird also die Tat z. B. aus Habgier begangen, um schneller an die erwartete Erbschaft zu gelangen, kann Mord vorliegen.

§ 211 StGB: *»Mord.*
(1) Der Mörder wird mit lebenslanger Freiheitsstrafe bestraft.
(2) Mörder ist, wer
aus Mordlust, zur Befriedigung des Geschlechtstriebs, aus Habgier oder sonst aus niedrigen Beweggründen, heimtückisch oder grausam oder mit gemeingefährlichen Mitteln oder
um eine andere Straftat zu ermöglichen oder zu verdecken, einen Menschen tötet.«

Wichtig:

Auch derjenige, der dem Wunsch eines Patienten nachkommt, diesem z. B. eine erlösende Spritze zu setzen, begeht ein Tötungsdelikt! Das Strafmaß ist in diesem Fall jedoch geringer.

§ 216 StGB: *»Tötung auf Verlangen.*
(1) Ist jemand durch das ausdrückliche und ernstliche Verlangen des Getöte-ten zur Tötung bestimmt worden, so ist auf Freiheitsstrafe von sechs Mona-ten bis zu fünf Jahren zu erkennen.
(2) Der Versuch ist strafbar.«

Wichtig ist hier noch zu wissen, dass auch die Hilfeleistung (Beihilfe) zur Tö-tung bestraft wird. Verschafft z. B. die Pflegekraft den Angehörigen ein tödliches Medikament, das diese dann dem Patienten/Bewohner verabreichen, macht sie sich wegen Beihilfe zur Tötung strafbar. Straflos ist lediglich die Beihilfe zur Selbsttötung (siehe auch Kapitel 2.1.6).

2.1.5 Formen der Sterbehilfe aus rechtlicher Sicht

Bei der Sterbehilfe sind aus rechtlicher Sicht zunächst mehrere Formen zu un-terscheiden. Unterschieden wird im Wesentlichen zwischen Hilfe im oder beim Sterben und Hilfe zum Sterben. Ein weiterer Unterschied wird zwischen Sterbe-hilfe im eigentlichen und im weiteren Sinn (so genannte Grenzfälle) getroffen. Dabei gibt es sowohl verbotene als auch erlaubte Formen der Sterbehilfe.

Außerdem sind im Rahmen der Sterbehilfe mehrere Situationen zu unterschei-den, wonach sich die Bedeutung einer Patientenverfügung richtet (siehe auch Kapitel 2.1.6).

2.1.5.1 Hilfe im oder beim Sterben

Hierunter wird eine Schmerzlinderung verstanden, die keine lebensverkürzenden Nebenwirkungen hat. Im Vordergrund steht nicht die Tötung, sondern eine Schmerz- und Leidensminderung. Daher ist die Hilfe im oder beim Sterben zulässig, also straflos. Da es zur Aufgabe der Ärzte und des Pflegepersonals ge-hört, einem Patienten das Sterben erträglich zu machen, ist die Hilfe im Sterben als erforderliche Behandlung geboten (*Hell* 2003, S. 183; *Steffen* 1999, S. 97). Zu der Hilfe im oder beim Sterben zählt der Bundesgerichtshof (BGH) auch die Sterbehilfe im eigentlichen Sinn, wenn der Sterbevorgang bereits eingesetzt hat und der Tod unmittelbar bevorsteht. Da es sich hierbei um passive Sterbehilfe handelt, wird diese Situation dort näher dargestellt. Davon zu unterscheiden ist die Hilfe zum Sterben.

2.1.5.2 Hilfe zum Sterben

Bei der Hilfe zum Sterben ist zwischen Beihilfe zur Selbsttötung sowie aktiver und passiver Sterbehilfe zu differenzieren. Die aktive Sterbehilfe wird unterteilt in direkte aktive und indirekte aktive Sterbehilfe. Bei der passiven Sterbehilfe unterscheidet der BGH zwischen Sterbehilfe im eigentlichen Sinn und so genannten Grenzfällen, in denen die unmittelbare Phase des Sterbens noch nicht eingetreten ist (z. B. bei Wachkomapatienten).[1] Ferner wird der passiven Sterbehilfe auch der Behandlungsabbruch zugeordnet.

Beihilfe zur Selbsttötung

Beihilfe zur Selbsttötung liegt vor, wenn einem Menschen z. B. Medikamente zur Verfügung gestellt werden, damit dieser sie einnehmen und sich damit selbst töten kann. Da die Selbsttötung nicht strafbar ist, ist auch die Beihilfe hierzu straflos. Es handelt sich aber nur solange um Beihilfe, wie der Mensch in der Lage ist, die Medikamente selbst einzunehmen und damit den Zeitpunkt des Geschehens selbst zu bestimmen. Ist er dazu nicht mehr fähig, stellt das Verabreichen der Medikamente durch eine andere Person ein Tötungsdelikt dar. Außerdem muss der Patient oder Bewohner in der Lage sein, die Tragweite der Entscheidung zu erkennen.

Achtung:

Im Krankenhaus oder Pflegeheim kann das Unterlassen erforderlicher Hilfe bei einem Suizidpatienten als Unterlassen einer pflichtgemäßen Handlung gewertet werden. Dies kann den Tatbestand der Tötung oder Körperverletzung durch Unterlassen begründen.

Strafbar ist in diesem Fall nicht die Beihilfe zur Selbsttötung, sondern das Nichtverhindern der Selbsttötung. Die Rechtsprechung ist hier nicht einheitlich, so dass einige Ärzte verurteilt, andere wiederum freigesprochen wurden (vgl. *Klie* 2001, S. 142 m. w. N.).

---

[1] Die Sterbehilfe wird bei irreversibel bewusstlosen und unheilbar kranken Patienten, bei denen der Sterbevorgang jedoch noch nicht eingesetzt hat, auch als Sterbehilfe im weiteren Sinn bezeichnet. Auf diese sollen jedoch die Grundsätze über die »Sterbehilfe im eigentlichen Sinn« sinngemäß anwendbar sein (vgl. Hell 2003, S. 182).

Ärzte und Pflegepersonal müssen demnach unterscheiden:
- Bei dementen und geistig verwirrten oder psychisch gestörten Patienten/Bewohnern mit suizidalen Tendenzen sind die Erkrankungen zu behandeln und eine Selbsttötung zu verhindern.
- Bei Patienten/Bewohnern, die ihre Selbsttötung bewusst und freiverantwortlich herbeiführen, besteht hingegen weder eine Verpflichtung zum Einschreiten noch zur dauernden Kontrolle (z. B. des Nachttisches bezüglich der Aufbewahrung von Medikamenten) (vgl. *Klie* a.a.O.).

Aktive Sterbehilfe

Dabei handelt es sich um eine aktive Einflussnahme auf den Sterbeverlauf, die gewollt oder ungewollt geschehen kann (vgl. *Hell* 2003, S. 184). Bei der aktiven Sterbehilfe sind daher die direkte und die indirekte aktive Sterbehilfe zu unterscheiden.

Direkte aktive Sterbehilfe

Darunter ist eine gezielte Lebensverkürzung, z. B. durch Setzen einer erlösenden Spritze, zu verstehen. Diese Form der Sterbehilfe ist grundsätzlich verboten und damit strafbar. Das Verbot, andere zu töten (§§ 211 ff. StGB) untersagt jedem Menschen – auch dem Arzt – alle aktiv ins Werk gesetzten Maßnahmen, die eine Lebensverkürzung bezwecken und darauf abzielen, den Eintritt des Todes zu beschleunigen.

Dies gilt auch bei Patienten mit infauster, also aussichtsloser Prognose. Auch bei diesen Patienten darf Sterbehilfe nicht durch gezieltes Töten geleistet werden, da niemand über sein Rechtsgut Leben derart verfügen darf, dass er von einem Dritten verlangt, ihn zu töten (siehe auch Kapitel 1.2.3). Eine Einwilligung in die Tötungshandlung hat insoweit keine rechtfertigende Kraft (vgl. *Ulsenheimer* a.a.O., § 149 Rn. 7).

Die direkte aktive Sterbehilfe ist mithin immer eine Tötungshandlung, unabhängig davon, ob sie aus Mitleid, zur Leidensbeendigung oder aus sonstigen Beweggründen erfolgt. Da die aktive Sterbehilfe nicht fahrlässig begangen werden kann, erfüllt sie den Tatbestand des Totschlags (§ 212 StGB) oder, bei hinzukommenden Mordmerkmalen (z. B. Habgier), den des Mordes (§ 211 StGB). Hat der Patient die Tötung ausdrücklich und ernsthaft verlangt, handelt es sich um den Tatbestand der Tötung auf Verlangen (§ 216 StGB) (vgl. *Ulsenheimer* a.a.O.).

Wichtig:

Mit einer Patientenverfügung kann daher niemals vom Arzt eine gezielte Lebensbeendigung, z. B. durch Verabreichen einer Spritze verlangt werden!

Indirekte aktive Sterbehilfe

Indirekte aktive Sterbehilfe bedeutet, dass dem Patienten schmerzlindernde Medikamente verabreicht werden, die möglicherweise eine lebensverkürzende Wirkung haben. Die Lebensverkürzung wird als unerwünschte oder unvermeidbare Nebenwirkung in Kauf genommen. Da hier – anders als bei der direkten aktiven Sterbehilfe – nicht die Lebensverkürzung, sondern die Schmerzlinderung im Vordergrund steht, ist diese Form der Sterbehilfe straflos (vgl. *Steffen* 1999, S. 97; *Hell* 2003, S. 185). Sie kann daher Gegenstand einer Patientenverfügung sein.

In der Patientenverfügung kann demgemäß verfügt werden, dass der Patient mit einer schmerzlindernden Medikation einverstanden ist, auch wenn sie zur Bewusstseinsausschaltung oder wegen ihrer – vom Arzt nicht beabsichtigten – Nebenwirkungen zu einem früheren Ableben führen sollte.

Passive Sterbehilfe

Passive Sterbehilfe liegt vor, wenn der Arzt bei Sterbenden und irreversibel bewusstlosen Patienten lebensverlängernde Maßnahmen (z. B. Reanimation, Beatmung, künstliche Ernährung, Bluttransfusion etc.) unterlässt oder abbricht. Ziel der passiven Sterbehilfe ist es, dem Sterbevorgang – gegebenenfalls unter Verabreichung wirksamer Schmerzmedikation – seinen natürlichen und der Würde des Menschen entsprechenden Lauf zu lassen (*Ulsenheimer* a.a.O., § 149 Rn. 9). Man spricht hier auch von »Sterbehilfe durch sterben lassen«.

Grundsätzlich ist auch die passive Sterbehilfe eine Tötung durch Unterlassen, da die pflichtgemäß vorzunehmende Weiterbehandlung unterlassen wird. Dem Arzt ist es jedoch in engen Grenzen erlaubt, von einer Ausschöpfung aller ihm möglichen Maßnahmen der Lebenserhaltung abzusehen. Die Grundsätze der Bundesärztekammer zur ärztlichen Sterbebegleitung (2004) legen die ärztlichen Pflichten bei Sterbenden wie folgt fest:
»Der Arzt ist verpflichtet, Sterbenden, d. h. Kranken oder Verletzten mit irreversiblem Versagen einer oder mehrerer vitaler Funktionen, bei denen der Eintritt des Todes in kurzer Zeit zu erwarten ist, so zu helfen, das sie unter menschenwürdigen Bedingungen sterben können.
Die Hilfe besteht in palliativ-medizinischer Versorgung und damit auch in Beistand und Sorge für Basisbetreuung. Dazu gehören nicht immer Nahrungs- und

Flüssigkeitszufuhr, da sie für Sterbende eine schwere Belastung darstellen können. Jedoch müssen Hunger und Durst als subjektive Empfindungen gestillt werden« (*Grundsätze der BÄK zur ärztlichen Sterbebegleitung* 2004, I. Ärztliche Pflichten bei Sterbenden).

Der Bundesgerichtshof (BGH) hat in seiner »Kemptener Entscheidung« vom 13. September 1994 in diesem Zusammenhang zwischen Sterbehilfe im eigentlichen Sinn und so genannten Grenzfällen unterschieden (vgl. BHGSt 40, 257 ff.; vgl. zum Ganzen auch *Ulsenheimer* a.a.O., § 149 Rn. 10 ff.)

Sterbehilfe im eigentlichen Sinn

Darunter versteht der BGH einen Patienten, bei dem
- das Grundleiden nach Ansicht des Arztes irreversibel (unumkehrbar) ist,
- das Grundleiden oder die Krankheit bereits einen tödlichen Verlauf angenommen hat und
- der Tod in kurzer Zeit eintreten wird.

Der Sterbevorgang hat also bereits eingesetzt und der Tod steht unmittelbar bevor. In diesen Fällen ist passive Sterbehilfe als Hilfe beim Sterben straflos.

»Grenzfälle«

Grenzfälle liegen vor, wenn die unmittelbare Phase des Sterbens noch nicht eingetreten ist. Denkbar sind folgende Situationen:
- Die wesentlichen Lebensfunktionen wie Atmung, Kreislauf und Herzaktion sind noch erhalten.
- Die in Betracht kommenden ärztlichen Maßnahmen können lebensrettend wirken, allerdings mit schweren irreparablen Gesundheitsschäden als Folge.

In diesen Fällen würde der Arzt nicht *»Hilfe beim Sterben, sondern Hilfe zum Sterben«* leisten (BGHSt 40, S. 257, S. 260). Steht der Arzt dennoch vor der Entscheidung, ob er weitere Behandlungsmaßnahmen durchführen soll oder nicht, hängt sein weiteres Vorgehen vom Patientenwillen ab. In der Regel wird der Patient in derartigen Fällen nicht mehr in der Lage sein, seinen Willen eigenverantwortlich zu artikulieren. Daher spielt in diesen Fällen der mutmaßliche Willen des Patienten eine wichtige Rolle, d. h., was er wollen würde, wenn er sich in der konkreten Situation artikulieren könnte.

Der BGH stützt seine Argumentation dabei auf das Selbstbestimmungsrecht des Patienten. Dieses ist vom Arzt auch dann zu beachten, wenn ein Patient *»es ablehnt, einen lebensrettenden Eingriff zu dulden«* (BGHSt 32, S. 367, S. 378).

Nach Ansicht des BGH stellt es einen rechtswidrigen »*Eingriff in die Freiheit und Würde der menschlichen Persönlichkeit*« dar, »*wenn ein Arzt – und sei es auch aus medizinisch berechtigten Gründen – eigenmächtig und selbstherrlich eine folgenschwere Operation bei einem Kranken, dessen Meinung rechtzeitig eingeholt werden kann, ohne dessen vorherige Billigung*« vornimmt (BGHSt 11, S. 111, S. 114). Daran ändert sich auch nichts, wenn der Patient bewusstlos oder aus anderen Gründen urteilsunfähig ist, jedoch sein mutmaßlicher Wille der medizinischen Behandlung entgegensteht. Andererseits sind »*an die Voraussetzungen für die Annahme eines solchen mutmaßlichen Einverständnisses des entscheidungsunfähigen Patienten (...) – im Interesse des Schutzes menschlichen Lebens – in tatsächlicher Hinsicht allerdings strenge Anforderungen zu stellen*« (BGHSt 40, S. 257, S. 263). Dadurch soll verhindert werden, »*daß Arzt, Angehörige oder Betreuer unabhängig vom Willen des entscheidungsunfähigen Kranken, nach eigenen Maßstäben und Vorstellungen das von ihnen als sinnlos, lebensunwert oder unnütz angesehene Dasein des Patienten beenden*« (BGHSt 40, S. 257, S. 260, S. 261).

Da in der Entscheidung keine allgemeingültigen Voraussetzungen festgelegt werden und sich das Urteil nur auf den konkreten Entscheidungsfall bezieht, wird es unterschiedlich interpretiert. Unabhängig davon, steht jedoch stets die Ermittlung des Patientenwillens im Vordergrund. Durch seinen Behandlungswillen wird die Behandlungspflicht des Arztes begründet. Umgekehrt begrenzt er aber auch das Behandlungsrecht des Arztes und damit dessen Pflicht zur Vornahme medizinisch gebotener Maßnahmen.

Schwierigkeiten bereitet dem Arzt vor allem die Feststellung eines hypothetischen, also mutmaßlichen Willens. Hilfestellung kann hier die Patientenverfügung bieten, in der der Patient für Ärzte und Krankenhäuser seinen Willen festgelegt hat. Weitere Anhaltspunkte können eine Vorsorgevollmacht und die damit verbundenen Angaben des Bevollmächtigten liefern (siehe auch Kapitel 2.1.6.2).

Achtung:

Die Einwilligung von nicht bevollmächtigten Angehörigen in die passive Sterbehilfe ist für den Arzt grundsätzlich rechtlich völlig unverbindlich. Sie kann allenfalls eine Entscheidungshilfe aber niemals tragende Grundlage der ärztlichen Entscheidung sein. Rechtliche Bedeutung hat nur die ausdrückliche Bevollmächtigung.

Behandlungsabbruch

Der Behandlungsabbruch gehört zur Hilfe zum Sterben und wird der passiven Sterbehilfe, also dem Unterlassen lebensverlängernder oder lebenserhaltender Maßnahmen, gleichgestellt.

Zwar handelt es sich bei dem Abschalten eines Gerätes (z. B. des Beatmungsgerätes) oder der Einstellung der künstlichen Ernährung um Tätigkeiten. Ein derartiges Vorgehen wird jedoch juristisch als Unterlassen der weiteren Behandlung gewertet. Begründet wird dies damit, dass die Geräte nur eine Verlängerung des Armes des Arztes sind, *»den er (passiv) untätig lässt, wenn er das Gerät außer*

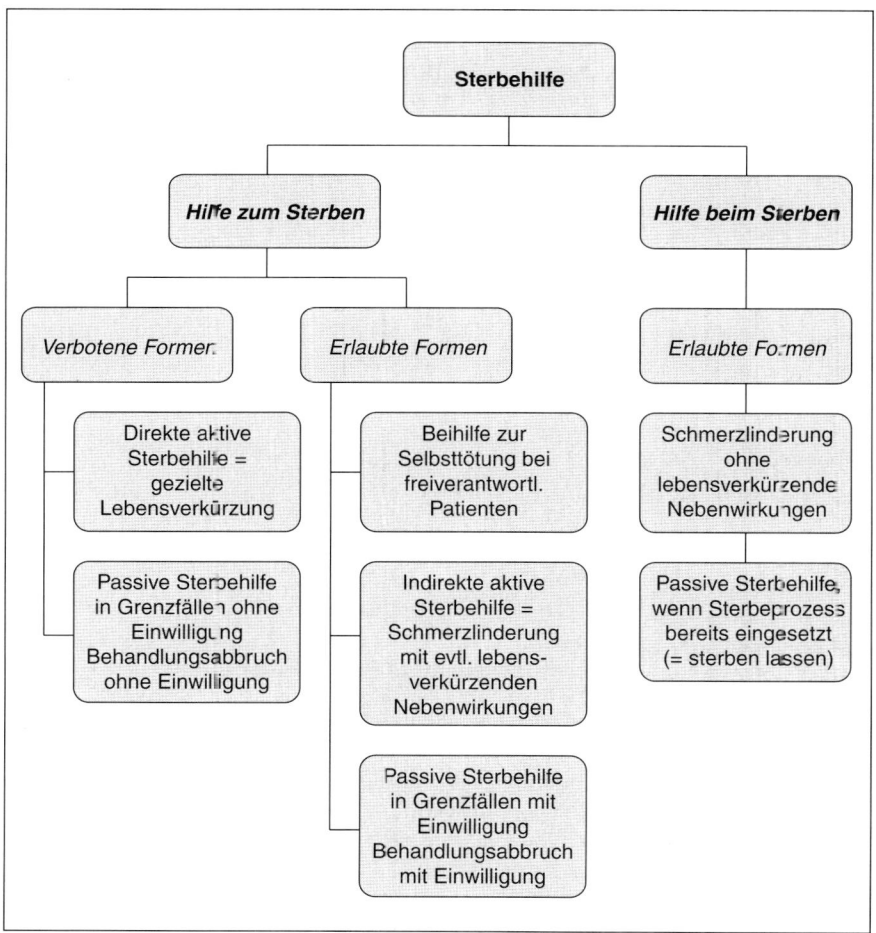

Abb. 3: Erlaubte und verbotene Formen der Sterbehilfe.

Funktion setzt« (*Ulsenheimer*, a.a.O, § 149 Rn. 16). Insoweit handelt es sich in diesen Fällen also nicht um direkte aktive ärztliche Sterbehilfe. Vielmehr gelten in diesen Fällen die zur passiven Sterbehilfe entwickelten Grundsätze.

Achtung:

Diese Grundsätze gelten nur für den Arzt. Schalten Angehörige oder Pflegekräfte ein Gerät ab, ist das direkte aktive Sterbehilfe und damit ein Tötungsdelikt! Anders als bei dem Arzt liegt dann nicht ein Unterlassen weiterer Rettungsbemühungen, sondern gezielte Lebensverkürzung vor.

Bezüglich des Behandlungsabbruchs bei Patienten, bei denen der Sterbevorgang noch nicht eingesetzt hat, gilt dieselbe Problematik, wie oben bei den Grenzfällen dargestellt.

2.1.6 Bedeutung der Patientenverfügung im Rahmen der Sterbehilfe

Die Bedeutung einer Patientenverfügung im Rahmen der Sterbehilfe ist zunächst abhängig vom jeweiligen Zustand des Patienten. Je nachdem, ob der Patient noch bei vollem Bewusstsein ist, ob er einwilligungsfähig ist oder nicht, ob eine aussichtslose Prognose vorliegt und der Sterbevorgang bereits eingesetzt hat oder ob es sich um einen Grenzfall handelt, kommen der Patientenverfügung unterschiedliche Bedeutungen zu.

Darüber hinaus wird die Reichweite der Patientenverfügung in diesem Zusammenhang unterschiedlich beurteilt. Die Ansichten reichen von uneingeschränkter Verbindlichkeit über die Bedeutung einer Indizwirkung für die Ermittlung des Patientenwillens bis zur Unbeachtlichkeit der Patientenverfügung (vgl. zu den unterschiedlichen Ansichten den *Zwischenbericht der Enquete-Kommission Ethik und Recht der modernen Medizin*, BT-Drs. 15/3700, S. 10 ff.).

2.1.6.1 Bewusstseinsklarer/einwilligungsfähiger Patient

Hier ist folgende Situation denkbar: Der Patient leidet unter unerträglichen Schmerzen, sein Todeseintritt ist unabwendbar und wird in Kürze eintreten, er ist jedoch noch bei vollem Bewusstsein und urteils-, also einwilligungsfähig. Äußert er nach erfolgter ärztlicher Aufklärung ausdrücklich und ernsthaft den Wunsch zu sterben, so werden sowohl die Nichteinleitung lebensverlängernder Maßnahmen als auch der Behandlungsabbruch durch Ausschalten eines Gerätes oder Einstellen anderer künstlicher lebenserhaltender Maßnahmen als zulässig angesehen.

Die Zulässigkeit wird aus der Einwilligung des Patienten und dessen Selbstbestimmungsrecht gefolgert. Gegen den Willen eines bewusstseinsklaren und einwilligungsfähigen Patienten darf weder ein ärztlicher Eingriff vorgenommen noch eine ursprünglich mit Einwilligung begonnene Behandlung fortgesetzt werden. Unerheblich ist, ob der Patient sich dadurch in Lebensgefahr begibt oder sich bereits in Todesgefahr befindet. Das Behandlungsrecht des Arztes, das sich aus dem Verhältnis Arzt – Patient ableitet, entfällt, wenn der urteilsfähige Patient seine Einwilligung verweigert. Ein eigenmächtiges Behandlungsrecht gegen den Willen des Patienten gibt es nicht. Vielmehr kann der ärztliche Rat nur als Empfehlung gesehen werden, den der Patient nicht annehmen muss (*Wagenitz* a.a.O.). Gleichzeitig entfällt dann auch die Behandlungspflicht des Arztes. Die Aufgabe des Arztes besteht bei Weigerung eines einwilligungsfähigen Patienten in der Sterbebegleitung. Er muss nur noch die Basisversorgung des Patienten garantieren (siehe auch Kapitel 1.2.1)

Daraus, dass die Einwilligung jedoch jederzeit widerrufen werden kann, wird gefolgert: Darf der Patient dem Arzt bereits mit zwingender Wirkung die Einleitung einer Behandlung (z. B. einer künstlichen Beatmung) verbieten, dann gilt dies erst recht für die Fortführung dieser Behandlung. Der Patient kann also jederzeit verlangen, dass eine einmal begonnene Behandlung abgebrochen wird (z. B. die künstliche Beatmung abgestellt wird). Kommt der Arzt dem Willen des Patienten nach, liegt keine Tötung auf Verlangen, sondern passive Sterbehilfe vor (vgl. *Ulsenheimer* a.a.O., § 149 Rn. 17 f.; *Wagenitz* a.a.O., S. 671).

Nur wenn der Patient die Weiterbehandlung ausdrücklich verlangt, darf die Behandlung unter keinen Umständen abgebrochen werden, es sei denn, sie ist medizinisch nicht indiziert. Eine Verpflichtung des Arztes zu medizinisch nicht indizierten Maßnahmen besteht nicht (*Wagenitz* a.a.O., S. 670 m. w. N.).

Da der Patient in diesem Fall noch bei vollem Bewusstsein ist und seinen Willen äußern kann, ist eine Patientenverfügung nicht erforderlich.

2.1.6.2 Einwilligungsunfähiger Patient

Erst wenn der Patient nicht mehr in der Lage ist, seinen Willen selbst kundzutun, kann eine Patientenverfügung Bedeutung erlangen. In dem »Verlust der Einwilligungsfähigkeit« liegt daher eine »Zäsur«, wonach die Selbstbestimmung des Patienten von der »Fremdbestimmung« durch seinen gesetzlichen oder gewillkürten Vertreter abgelöst wird (*Wagenitz* a.a.O.). Bezüglich der Bedeutung der Patientenverfügung im Rahmen der Sterbehilfe sind hier zunächst zwei Situationen zu unterscheiden:

1. Es handelt sich um einen Patienten mit aussichtsloser Prognose, bei dem der Sterbevorgang bereits eingesetzt hat

Nach Ansicht des Bundesgerichtshofes handelt es sich in diesen Fällen um Sterbehilfe im eigentlichen Sinne. Der Arzt leistet hier, im Ergebnis straflose, Hilfe für den Sterbenden (siehe auch Kapitel 2.1.5.2).

Auch die Grundsätze der Bundesärztekammer zur ärztlichen Sterbebegleitung (2004) gestatten dem Arzt in diesen engen Grenzen, also bei Sterbenden oder Patienten mit infauster Prognose, nicht alle möglichen Maßnahmen der Lebenserhaltung auszuschöpfen und somit passive Sterbehilfe durchzuführen. Der Arzt ist also in diesen Situationen nicht unter allen Umständen zur Lebenserhaltung verpflichtet.

Daher ist eine Patientenverfügung zwar möglich, aber von geringerer Bedeutung, da ein verständiger Arzt in diesem Moment ohnehin von weiteren lebenserhaltenden Maßnahmen absehen dürfte.

2. Es liegt ein so genannter Grenzfall vor, d. h., die unmittelbare Phase des Sterbens ist noch nicht eingetreten (z. B. bei einem Wachkomapatienten)

Hier kann es vorkommen, dass der Arzt dennoch vor der Entscheidung steht, ob weitere Behandlungsmaßnahmen durchgeführt werden sollen oder nicht. In diesem Fall dürfte die Patientenverfügung wohl ihre eigentliche Bedeutung erlangen.

Die Unterscheidung dieser Situationen spielt vor allem auch bei der Diskussion um die Verbindlichkeit der Patientenverfügung eine tragende Rolle (siehe auch Kapitel 3.5 und 3.6).

Selbst wenn in Fällen, in denen der Sterbevorgang bereits eingesetzt hat, eine Patientenverfügung von geringerer Bedeutung sein dürfte, kommt es auch hier immer wieder vor, dass lebenserhaltende bzw. –verlängernde Maßnahmen durchgeführt werden. Unabhängig davon, welche der beiden Situationen vorliegt, stellt *Wagenitz* anschaulich dar, dass sich bei einwilligungsunfähigen Patienten *»vier Probleme«* stellen, *»die aufeinander aufbauen:*
zum Ersten die Frage, inwieweit auch hier ein Patientenwille feststellbar und maßgebend ist. Zum Zweiten die Frage, wer berufen ist, den maßgebenden Patientenwillen festzustellen und ihm Geltung zu verschaffen. Darauf aufbauend drittens die Frage, ob und unter welchen Voraussetzungen der zur Feststellung und Durchsetzung des Patientenwillens Berufene der Mitwirkung des Vormundschaftsgerichts bedarf. Schließlich viertens die Frage, was das Vormundschaftsgericht bei dieser Mitwirkung eigentlich zu prüfen hat« (*Wagenitz* a.a.O., S. 671).

In diesen Fällen kann dem Arzt eine Patientenverfügung in zweierlei Hinsicht weiterhelfen:

1. Besitzt der Patient in der aktuellen Situation nicht mehr die Möglichkeit der Willensbildung oder Willensartikulierung, so endet sein Selbstbestimmungsrecht nicht automatisch. Die Selbstbestimmung findet ggf. nur dort ihre Grenzen, wo der Patient keine Vorkehrungen getroffen hat. Hat der Patient daher in einer Patientenverfügung die konkret eingetretene Situation geregelt, handelt es sich dabei um seinen ausdrücklichen Willen, der nach mittlerweile wohl überwiegender Meinung auch dann weiter besteht, wenn der Patient nicht mehr einwilligungsfähig ist. Diesen ausdrücklich festgelegten Willen muss der Arzt beachten.

2. Hat der Patient eine Patientenverfügung verfasst, die zwar nicht genau die eingetretene Situation, wohl aber eine ähnliche regelt, so muss der Arzt für die konkrete Situation den mutmaßlichen Willen des Patienten erforschen. Dabei kann ihm die Patientenverfügung eine wichtige Hilfestellung bieten.

Was passiert in diesen Fällen, wenn keine Patientenverfügung vorliegt?

Auch wenn gar keine Patientenverfügung vorliegt, gilt es, den mutmaßlichen Willen des Patienten zu erforschen, d. h. wie er sich entscheiden würde, wenn er könnte. Hier bestehen folgende Möglichkeiten:

• Angaben von Angehörigen, dem Betreuer oder dem Bevollmächtigten können zu Hilfe genommen werden. Bedeutung spielen dabei auch *»frühere mündliche oder schriftliche Äußerungen des Kranken ebenso«* (…) *»wie seine religiöse Überzeugung, seine sonstigen persönlichen Wertvorstellungen, seine altersbedingte Lebenserwartung oder das Erleiden von Schmerzen«* (BGHSt 40, S. 257, S. 263).

• Führt auch dies zu keinem Ergebnis stellt der BGH hilfsweise auf die *»allgemeinen Wertvorstellungen«* ab, ohne diese jedoch näher festzulegen (BGHSt, 40, 257, 263). Der BGH stellt in diesem Zusammenhang auf eine hoffnungslose Prognose des Arztes und auf die Nähe des Todes ab und führt aus: *»Je weniger die Wiederherstellung eines nach allgemeinen Vorstellungen menschenwürdigen Lebens zu erwarten ist und je kürzer der Tod bevorsteht, um so eher wird ein Behandlungsabbruch vertretbar erscheinen«* (BGHSt 40, S. 257, S. 263). Daraus wird gefolgert, dass sich ein Arzt, der einen Apalliker (schwer Gehirngeschädigten) nicht künstlich beatmet oder einen Patienten im coma vigile (Wachkoma) nicht mit lebensverlängernden Maßnahmen versorgt, nicht wegen Tötung durch Unterlassen strafbar macht, wenn er damit gemäß des mutmaßlichen Willens des Patienten oder hilfsweise nach *»allgemeinen Wertvorstellungen«* handelt. Schwierigkeiten bereitet jedoch nach wie vor die Interpretation dieses Urteils, das sich auf einen konkreten Einzelfall bezieht (s. o.). Eine hundertprozentige Gewissheit kann dies dem Arzt daher nicht vermitteln.

• Bei allen Erwägungen wird der Arzt jedoch zu beachten haben, dass, wenn nach alldem ein Wille des Patienten nicht festzustellen ist, er dem Lebensschutz Vorrang einzuräumen hat (vgl. Arbeitsgruppe »Patientenautonomie am Lebensende« vom 10. Juni 2004, Bericht S. 10; vgl. auch *Ulsenheimer* in: *Laufs/Uhlenbruck* 2002, § 139 Rn. 46 a).

Weiterhin stellt sich jedoch die Frage, »*wer denn nun legitimiert ist, den wirklichen oder mutmaßlichen Willen des Patienten zu ermitteln, erforderlichenfalls auch zu interpretieren und notfalls gegenüber Dritten durchzusetzen*« (*Wagenitz* a.a.O., S. 672).

Liegt dem Arzt weder eine Vorsorgevollmacht oder eine Betreuerbestellung vor oder ist der Betreuer nicht erreichbar, muss er selbst die Entscheidung unter Berücksichtigung des wirklichen oder mutmaßlichen Willens des Patienten treffen.

Gibt es jedoch einen Bevollmächtigten oder gesetzlichen Betreuer, der auch erreichbar ist, so entscheidet dieser als Vertreter des Patienten. Zwar sind Bevollmächtigter und Betreuer gegenüber Arzt und Pflegepersonal in ihrer Entscheidung frei. Im Verhältnis zum Patienten müssen sie jedoch nach dessen Willen handeln, d. h. diesen erforderlichenfalls erforschen und interpretieren und im Falle einer vorhandenen Patientenverfügung dieser zur Durchsetzung verhelfen.

Zu beachten ist jedoch, dass sowohl der Betreuer als auch der Bevollmächtigte hier an rechtliche Vorgaben gebunden sind. Sind sie der Ansicht, dass der (mutmaßliche) Wille des Patienten in Widerspruch zu den ärztlichen Empfehlungen steht, so benötigen sie für die Verweigerung ihrer Einwilligung in ärztlich angebotene lebenserhaltende oder -verlängernde Maßnahmen eine Genehmigung des Vormundschaftsgerichts. Voraussetzung dafür wiederum ist jedoch, dass der Arzt überhaupt eine Behandlung anbietet. »*Für eine Einwilligung des Betreuers und eine Zustimmung des Vormundschaftsgerichts ist kein Raum, wenn ärztlicherseits eine solche Behandlung oder Weiterbehandlung nicht angeboten wird – sei es daß sie von vornherein medizinisch nicht indiziert, nicht mehr sinnvoll oder aus sonstigen Gründen nicht möglich ist*« (BGH, Beschluss vom 17. März 2003, Az. XII ZB2/03). Nach dem Beschluss des BGH ist das Vormundschaftsgericht also nur für den Fall zuständig, in dem sich der Betreuer oder Bevollmächtigte mit seiner Entscheidung in Widerspruch zu der Empfehlung des Arztes setzt. Dies gilt unabhängig davon, ob eine Patientenverfügung vorliegt oder nicht (vgl. *Wagenitz* a.a.O., S. 669).

Das Vormundschaftsgericht trifft insoweit keine eigene Entscheidung über den Abbruch oder die Fortführung einer lebenserhaltenden oder -verlängernden Maßnahme, sondern kontrolliert nur die Umsetzung der Entscheidung des Patienten

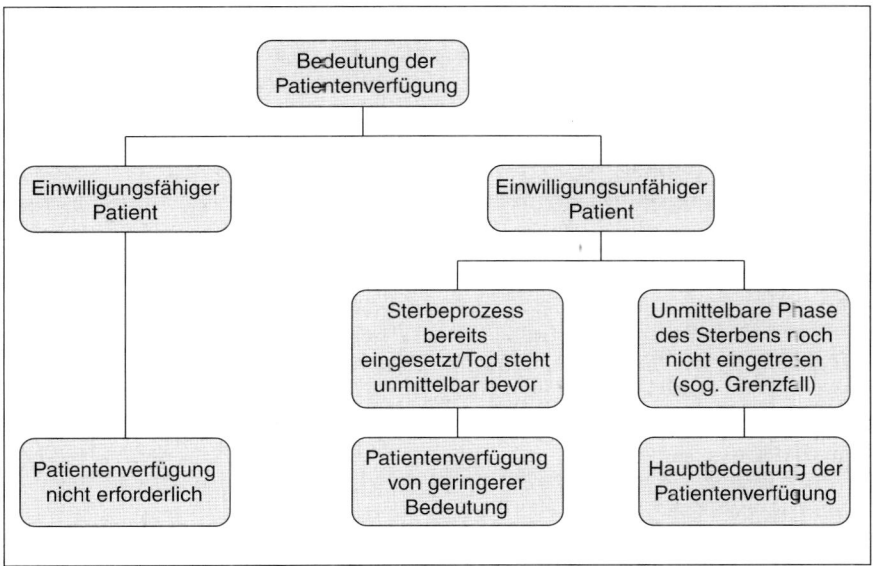

Abb. 4: Bedeutung der Patientenverfügung im Rahmen der Sterbehilfe.

durch seinen Betreuer oder Bevollmächtigten. Überprüft wird nur, ob die Entscheidung mit dem wirklichen oder mutmaßlichen Willen des Patienten übereinstimmt und vor allem ob die Verweigerung der Einwilligung in die ärztlich angebotene Maßnahme durch den Betreuer oder Bevollmächtigen mit dem Strafrecht vereinbar ist. Dieses Verfahren dient zum einen der Kontrolle der Ermittlung, Auslegung und Umsetzung des Patientenwillens zum anderen aber auch dem Schutz des Betreuers/Bevollmächtigten vor rechtlichen Konsequenzen (vgl. *Wagenitz* a.a.O., S. 672 f.).

2.1.7 Vergleich mit anderen Ländern

Die Rechtslage der Sterbehilfe in anderen Ländern ist sehr unterschiedlich und teilweise rechtlich unklar. Eine Übersicht der Rechtslage zur Sterbehilfe in Europa der Deutschen Hospiz Stiftung findet sich unter http://www.hospize.de/ texte/sterbehilfe_laender.htm und ist abgedruckt bei Werner Schell, Sterbebegleitung und Sterbehilfe, 3. Aufl. 2002, S. 40 f.

2.2 Der Begriff des Sterbens in verschiedenen Wissenschaftsdisziplinen und im Bereich von Palliative Care

Angela Paula Löser

2.2.1 Philosophische Betrachtung

Als spezifische Richtung der Philosophie beschäftigt sich die so genannte Existentialphilosophie (Gebiet, das sich mit dem Leben und dem Dasein des Menschen in seiner Welt beschäftigt) mit der Erklärung von Sterben und Tod. Ihr geht es primär aber nicht um die Frage, ob der Tod das absolute Ende menschlichen Existierens ist und auch nicht darum, was nach dem Tod geschieht, sondern vielmehr um die Abklärung des Verhältnisses des menschlichen In-der-Welt-Sein zum Tode. Ihr Interesse bezieht sich auf das, was ein »Vorlaufen« in den Tod bzw. zum Tod hin genannt wird.

Hier wird also insbesondere das Interesse auf das Sterben, als Phase vor dem Tod gerichtet. Insbesondere der große Philosoph *Sören Kierkegaard* stellt die spezifische Situation einer hochgradig existenziellen Erfahrung im Sterbeprozess in den Vordergrund. Bezugnehmend auf *Kierkegaards* Existentialphilosophie versteht *Bollnow* (1953) die Existenz als »*... jenen letzten, innersten Kern eines Menschen, der auch dann noch unberührt bleibt, da dann überhaupt erst richtig erfahren wird, wenn alles, was der Mensch in dieser Welt besitzen und an das er zugleich sein Herz verlieren kann – Hab und Gut mit bürgerlicher Stellung, Gesundheit des Leibes und Gebrauch der Glieder, Begabungen und Fähigkeiten des Geistes und sogar die schwer zu erwerbenden Tugenden des sittlichen Lebens –, wenn alles dies verloren geht oder sich sonst für ihn in irgendeiner anderen Weise als trügerisch erweist*« (*Bollnow* 1953, S. 16).

Solange der Mensch lebt, existiert er, wird ihm ein »Sein« zugesprochen. Dieses »Sein« ist einerseits noch ein »Sein im und zum Leben«, zu einem Teil jedoch auch bereits dem Tode zugewandt und damit ein »Sein zum Tode«. Sterben als ein solches zweidimensionales Sein ist somit immer ein Phänomen des Lebens.

Die Gedanken kreisen in dieser Zweidimensionalität und insbesondere angesichts des bald zu verlierenden Daseins häufig eher um dessen drohenden Verlust als um den Rest der verbleibenden Existenz. Da wir nicht wissen, was nach dem Sterben, also im Tod geschieht, haben wir Angst davor, so die Aussage der Philosophie. Wir ahnen oder wissen nur, was wir verlieren, können uns aber keine Vorstellung darüber machen, was uns erwartet oder wie das »Sein« dort sein wird.

Die Nicht-Verfügbarkeit von Wissen über das endgültige Sein im Tode beeinflusst nach *Welte* die menschliche Existenz damit schon im Leben (und damit auch im Sterben): *»... der Tod ist uns unheimlich, da es hier nichts mehr zu tun und zu wissen gibt. Das »Sein zum Tode«, also dass wir lebend sind, ist noch nicht der Tod selbst. Es ist vielmehr ein »Sein« zum Bevorstehenden. Kommt aber dieses Bevorstehende eines Tages über uns, dann verschlingt er (der Tod) auch dieses immerhin noch lebendige »Sein zum Tode«* (vgl. *Welte* 1980, S. 47).

Diese Vorstellung über ein »Sein« ist für Menschen, die sich noch nicht mit philosophischen Fragen beschäftigt haben, schwer nachvollziehbar. Einfacher ausgedrückt, könnte man sagen, dass sich diese Wissenschaft mit folgenden Fragen beschäftigt:
• Wie ist oder lebt der Mensch in seiner Welt?
• Wie sieht er diese Welt und welche Bedingungen führen dazu, dass er sie so sieht und sehen kann?

Fast jeder Mensch beschäftigt sich im Laufe seines Lebens mit folgenden philosophischen Fragen:
• Wer bin ich?
• Wo komme ich her?
• Wo gehe ich hin, und was ist das Ziel und der Sinn meines Lebens?

2.2.2 Der Begriff des Sterbens in der Theologie

Philosophische und religiöse Fragestellungen waren und sind immer eng miteinander verwoben. Die Seinsfrage des Menschen, die eng mit der Vorstellung vom Person-Sein und der Identität verbunden ist, beschäftigt beide Wissenschaftsrichtungen. Sterben und Tod sind in den verschiedenen Religionen tragende Grundpfeiler von Lebens- und Sinnfragen. Dennoch beschäftigen sich viele theologische Abhandlungen eher mit dem Tod als mit dem Sterben: Als wohl hauptsächliches Kriterium der Unterscheidung zwischen Sterben und Tod, gehört für *Klein* das implizit im Sterben vorhandene Leben. Erst der Tod stellt die Grenze dar; eine Grenze, die weder die Rücküberschreitung ermöglicht, noch eine Verbindung zum Leben darstellt.

Klein sieht die Hauptbedeutung des Sterbens in der Reflexion des eigenen menschlichen Daseins und in der Analyse der eigenen Lebenssinnphase. Diese tritt durch die existenzielle, tiefe Lebenskrise, die sich an diesem gravierenden Lebenswendepunkt des menschlichen Daseins vollzieht, auf und verlangt nach einer Antwort durch den Sterbenden selbst.
»Die in der radikalen Grenzsituation Sterben mit aller Vehemenz aufbrechende Sinnfrage bringt die Urintention menschlichen Lebens ans Licht. Denn die

Frage des Menschen nach sich selbst (Identitätsfrage) ist in ihrer innersten Intention immer schon auf die Frage nach dem Sinn des Daseins gerichtet und verlangt eine lebbare Antwort« (Klein zit. n. *Tens* 1995, S. 190). Im Sterben stellt sich so immer auch die Frage nach dem Sinn des bisherigen und des weiteren Lebens.

2.2.3 Der Begriff des Sterbens in der Medizin als Naturwissenschaft

In den Naturwissenschaften überwiegt das biologisch-physiologische Paradigma. In der Medizin wird die Frage nach der Einheit des Menschen anders beleuchtet als z. B. in der Philosophie: *»Noch immer spielt die neuzeitliche Konzeption des Menschen als einer Zusammensetzung aus Körper und Geist [...] eine wichtige Rolle. Wissenschaftsgeschichtlich ist dieses Körper-Geist-Modell von enormer Bedeutung für die Entwicklung der Medizin gewesen. Denn erst die Konzeption der Trennung von Körper und Geist hat es möglich gemacht, den Menschen qua Körperwesen dem Konzept naturwissenschaftlicher Gesetzmäßigkeiten zu unterwerfen, den Körper als eine Art »Maschinenmodell« zu begreifen, den man »reparieren« und dessen Teile man gegebenenfalls austauschen kann, ohne den Menschen als »ganzen« in Frage zu stellen« (Bechmann* 1995, S. 74).

Bei *Tens* wird der Sterbevorgang als ein *»fließender Prozess«* verstanden, *»... der vom ersten irreversiblen Untergang lebenswichtiger Zentren bis zum Absterben der letzten Zelle nach Stunden, ja Tagen reicht« (Tens* 1995, S. 111). In dieser eher biomedizinisch-naturwissenschaftlichen Sichtweise geht der Sterbeprozess also über den Tod hinaus, eben bis zum Untergang der letzten Zelle. Eine solche Sichtweise behindert die sonst übliche Vorstellung, dass das Sterben mit dem Ende der lebenswichtigen Funktionen z. B. von Herz, Kreislauf und Gehirn endet und im Tod seinen Ausgang findet. Im Sterben findet also immer auch schon ein partieller Tod statt.

2.2.4 Der Begriff des Sterbens in der Sichtweise der Palliativmedizin

Die Palliativmedizin und -pflege beschäftigt sich mit der Versorgung, Betreuung, Behandlung und Pflege all derer, bei denen keine kurativen, also heilenden Maßnahmen mehr zur Verfügung stehen. Palliativpflege kommt vom lateinischen »Pallium« (Mantel). Frei übersetzt ließe sich auch sagen: einen Menschen einhüllen, ihm einen wärmenden Mantel geben, ihn behüten (vgl. *WHO* 1990).

In der Bemühung, in der angemessenen Zielsetzung zwischen kurativ und palliativ unterscheiden zu können, lässt sich die Notwendigkeit erkennen, einzuschätzen (oder wenigstens zu erahnen), wann ein Mensch als sterbend anzusehen ist. Hierzu wird zur näheren Darstellung der Versuch einer Definition oder Erklärung

Tabelle 1: Wann ist ein Mensch als sterbend anzusehen? (*Husebø, Husebø* o.J., S. 4)

»Wann ist der Patient als sterbend anzusehen?«	

1. Wenn er:
    a) an einer fortgeschrittenen, progressiven Krankheit mit schlechter Prognose leidet
    b) mehr oder weniger bettlägerig und extrem geschwächt ist
    c) mehr oder weniger verwirrt oder bewusstlos ist – immer weniger Interesse für Essen und Trinken aufbringt
    d) immer weniger Interesse für seine Umgebung und sein Leben zeigt
    e) eine oder mehrere lebensbedrohliche Komplikationen hat
	2. Wenn ein Arzt, der den Patienten und seinen Zustand genau kennt, gemeinsam mit dem Pflegepersonal der Meinung ist dass der Tod nahe bevorsteht.
	
	 Wenn die meisten oder alle Voraussetzungen in den Punkten 1 und 2 erfüllt sind, überwiegt die Wahrscheinlichkeit, dass der Patient im Laufe der nächsten Stunden, Tage oder Wochen sterben wird ...«

von *Husebø* herangezogen. Diese Definition ist in Institutionen, die sich der Behandlung, Versorgung oder Begleitung schwerstkranker, alter oder sterbender Menschen widmen, besonders wichtig, verändert sie doch die Sichtweise vom Sterben.

Husebø zeigt damit auf, dass der Sterbeprozess nicht erst dann einsetzt, wenn sich bereits erste Anzeichen einer nachlassenden Körperfunktion, wie z. B. das Einsetzen einer Cheyne-Stokesschen Atmung zeigen. Sterben wird hier als bereits vor der akuten letzten Sterbephase einsetzender Prozess definiert, der sich durch ein Zurückziehen aus unserem Dasein anzeigt.

2.3 Die Situation alter und kranker Menschen in der Gesellschaft

Alter und Krankheit gehören zu den nur schwer zu tolerierenden Phänomenen in unserer Gesellschaft. Obwohl auch ältere Menschen inzwischen zum Zielobjekt von Werbung geworden sind, werden viele der mit zunehmendem Alter auftretenden Beschwerden als in jedem Fall therapierbar und heilbar bewertet. Eine eingeschränkte Gelenkfunktion wird mit einer Prothese behandelt; gegen degenerativ bedingte Schmerzen werden Schmerzmedikamente gegeben; Stimmungsschwankungen und Ängste werden mittels Stimmungsaufheller und Antidepressiva behandelt usw. Viele Maßnahmen haben durchaus ihren Sinn und ermöglichen es dem Menschen weiter, in vollkommener oder teilweise wieder hergestellter Lebensqualität zu leben. Dennoch zeigt diese Reparaturmedizin auch ihre Schattenseiten.

Das Alter und die damit einhergehenden Beschwerden und Gebrechen werden verdrängt. Die Auseinandersetzung mit den schwindenden Kräften und Fähigkeiten wird verschoben, alles ist möglich, jeder kann jung und funktionierend bis ins Alter (und vielleicht sogar bis zum Tod) bleiben – so wird es suggeriert. Mit der Behebung der körperlichen Befindlichkeitsstörungen und Krankheiten unterbleibt vielfach aber auch die Reflexion mit dem bereits fortgeschrittenen Lebensalter. Die Fragen: *»Was wird kommen?«* – *»Wie wird mein Leben weiter gehen?«* – *»Gilt es, Abschied zu nehmen oder neue Ziele zu setzen, neue Lebensinhalte zu finden?«,* werden nicht oder weniger gestellt, als dies früher der Fall war. Alles geht – bis zuletzt. So werden die Gedanken an Sterben und an das unausweichliche Ende des eigenen Lebens, das sich im Tod zeigt, immer wieder hinausgeschoben.

Philosophisch ließe sich dieses Thema jetzt unendlich ausdehnen und die Frage nach dem Dasein und dem Sinn einer jeweiligen Lebensphase analysieren. In unserer Gesellschaft lässt sich nur Folgendes erkennen: Wenn ein Mensch (dann meist plötzlich) nicht mehr funktioniert wird in vielen Fällen die Einweisung in eine Pflegeeinrichtung notwendig. Angehörige werden vom schlechten Gewissen geplagt *(»Bin ich nun eine schlechte Tochter, weil ich die Mutter in eine Einrichtung gebracht habe?«)* und schauen nun mit Argusaugen, ob dort alles »richtig läuft«. Und weiter muss Mutter funktionieren. Würde sich die Tochter der Veränderung dieser Situation stellen, so müsste sie einen eigenen Rollenwechsel vornehmen, sie müsste Verantwortung übernehmen.

Diese Verantwortung wird dann, wenn sie notwendig wird, an den Arzt, an das Krankenhaus delegiert. Sterbend werden alte Menschen manchmal dann noch in den letzten Stunden verlegt. Diese Situation lässt sich (so antwortete kürzlich ein Intensivmediziner in einer Reportage zum Thema »Leben wider Willen«) auf das Schuldgefühl zurückführen und hat manchmal viel mit ungeklärten Prozessen zwischen dem alten Menschen und seinen Angehörigen zu tun. Auch die fehlende eigene Auseinandersetzung mit Sterben und Tod kann Ursache dafür sein, dass man das Sterben eines anderen Menschen nicht zulassen kann.

Wenn dann die Technik, ungeklärte Konflikte und eine schier unmenschliche Situation den Sterbeprozess dominieren, bleibt für die Angehörigen noch viele Jahre eine grauenvolle Erinnerung zurück und diese ist nicht selten eine Ursache für die eigene Angst vor dem Sterben.

Aber es gibt auch andere Situationen.
Alte Menschen oder solche, die an chronischen Erkrankungen leiden, haben sich wiederholt mit den Gedanken an ihren Tod auseinander gesetzt. Schritt für

Schritt sind sie der Vorstellung, dass ihr Leben bald endet, näher gekommen. Dann kommen Aussagen wie »*Lasst mich doch endlich sterben ...*« oder: »*Bald hat das alles ein Ende ...*«. Viele alte und kranke Menschen spüren auch den herannahenden Tod und stellen sich ihm nicht mehr entgegen; sie nehmen ihn an als ihren Weg. Auf diesem Weg ist der Betroffene dann vielfach schon ein Stückchen weiter als seine Angehörigen, die diese Erkenntnis noch nicht tragen können oder wollen. Sie halten den Sterbenden mit Appellen zurück: »*Lass Dich doch nicht so hängen ...*« – »*Lass mich nicht allein ...*« oder anderes.

Möglicherweise hat der Sterbende vorausverfügt, welchen Maßnahmen er in dieser Situation noch zustimmen würde, welche er aber ablehnt. *Elisabeth Kübler-Ross* hat in ihren zahlreichen Büchern zum Sterben beschrieben, dass in den letzten Tagen und Stunden die körperlichen Kräfte oft schon nachlassen, Müdigkeit und Schwere eintreten und der Sterbende den Kontakt zur Außenwelt einschränkt. Das Bewusstsein ist aber vorhanden, das Denken nicht eingeschränkt. *Kübler-Ross* geht sogar noch ein Stückchen weiter: In dieser Phase können selbst Menschen, die vorher im Denken eingeschränkt waren, ihren Weg sehen und auch die Umgebung, die Menschen und ihre Reaktionen wahrnehmen. Wie stark muss es dann schmerzen, wenn der Sterbende erkennt, dass die Angehörigen den geäußerten Willen, der in einer Patientenverfügung schriftlich niedergelegt wurde, nicht berücksichtigen und jetzt in Maßnahmen einwilligen, die der Betroffene zuvor schriftlich untersagt hat

Hier ist es eine grundlegende menschliche Pflicht, den vorausverfügten Willen umzusetzen, auch wenn der Verlust des Angehörigen schmerzt. Sollte sich der schwerkranke, alte oder sterbende Mensch in dieser Phase noch einmal anders entscheiden, sollten ihm jetzt andere Ziele wichtig sein (vielleicht möchte er jetzt doch noch in die Maßnahme XY einwilligen), so muss stets der aktuell erkennbare oder geäußerte Wille berücksichtigt werden.

2.4 Die Angst des Menschen vor dem Sterben und die Regelung von Wünschen für diese Zeit

Viele Menschen leiden bewusst oder unbewusst unter Angst vor dem Sterben. Dabei kann diese Angst vor dem Sterben ungleich größer sein, als die Angst vor dem Tod. So lassen sich zwei Hauptpole von Angst unterscheiden: Zum einen ist es die Angst, die durch den Gedanken an den eigenen Tod entsteht und die sich vorrangig aus der Nicht-Vorhersehbarkeit der Entwicklung dieses Phänomens ergibt. Existenziell wird auch die Frage nach dem Sinn des Lebens aufgeworfen (vgl. *Brandenburg* 2002, S. 97). Hier können versäumte Chancen und Fehler, aber auch gelungene Lebenspfade erkannt werden. Bei *Welte* wird der Tod, der als

Ende des Sterbens gilt, als absolute Grenze beschrieben: *»In diesem Sinne wirkt der Tod in unser Dasein hinein, als die absolute Grenze unserer Möglichkeiten, über unser Dasein in der Welt zu verfügen«* (*Welte* 1980, S. 47).

Warum die Angst vor dem Sterben für viele Menschen existenziell bedrohlich ist, die Frage und die Ängste angesichts des »Seins« vor dem Leben (sprich: vor der Geburt) aber nicht gestellt werden, beschäftigte schon *Schopenhauer*. Er stellte die berechtigte Frage, warum sich der Mensch immer wieder angesichts des »Seins« nach dem Tode ängstige, hingegen an das »Sein« vor der Geburt keinen Gedanken verliere. *»Wenn, was uns den Tod so schrecklich erscheinen lässt, der Gedanke des Nichtseins wäre, so müssten wir mit gleichem Schauder der Zeit gedenken, da wir noch nicht waren«* (Schopenhauer 1819, S. 20).
Die Angst vor dem Sterben ist möglicherweise erst in den letzten drei Jahrzehnten so stark geworden. Das Herausreißen des Sterbeprozesses aus dem Alltag und aus dem natürlichen Lebenszyklus, der dem Sterben und dem Tod die gleiche Rangordnung zuweist wie das Geborenwerden, führte zu einer Intransparenz. Vielleicht ist es gerade diese Unerfahrenheit, die Angst vor dem Unbekannten macht.

2.4.1 Die Angst des Kranken, Alten oder Sterbenden vor dem Sterben

Die Ängste, die ein Mensch vor dem Sterben hat, können ganz unterschiedlich sein. In seinem Werk über die Psychologie des Todes stellt *Wittkowski* folgende Merkmalsbereiche dar:
• Angst vor körperlichen Leiden wie z. B. Schmerzen, Verstümmelung und Ausfall von Organfunktionen.
• Angst vor Demütigung und Erniedrigung, *»... Angst vor den Begleitumständen des Sterbeprozesses oder der Aussicht der Vernichtung der eigenen Existenz nach eigenen Maßstäben nicht gewachsen zu sein, zum Feigling zu werden ...«* (*Wittkowski* 1990, S. 76 f.).
• Angst vor dem Verlust der persönlichen Würde, wenn sich z. B. im Rahmen von Pflegesituationen eine Abhängigkeit von Pflegenden und Angehörigen ergeben kann oder wenn *»Nichtbeteiligung an wichtigen Entscheidungen«* eintritt (ebd., S. 76 f.).
• Angst vor dem Alleingelassen werden und vor Einsamkeit.
• Angst, wichtige Ziele aufgeben zu müssen.
• *»Angst vor Folgen, die der eigene Tod für den nächsten Angehörigen hat (Besorgnisse können sich auf sozial-emotionale Auswirkungen oder auf wirtschaftliche Konsequenzen beziehen) ...«*

- Angst vor einer möglichen Bestrafung, z. B. durch den jeweiligen Gott in den verschiedenen Religionen
- *»Angst vor dem Nicht-Sein bzw. vor dem Unbekannten*
- *Angst vor der Vernichtung des eigenen Körpers*
- *Angst vor dem Sterben anderer Menschen (Angst, den physischen, psychischen Leiden des anderen nicht gewachsen zu sein)*
- *Angst vor dem Tod anderer Menschen (Verlust wichtiger Bezugspersonen)*
- *Angst vor Toten bzw. den Merkmalen eines Leichnams«* (ebd., S. 76 f.)

Ob ein Mensch Angst vor seinem Sterben hat, hängt weitgehend damit zusammen, ob es ungelöste Lebensgeschäfte, schlechte Erfahrungen mit dem Sterben anderer, ungeklärte Sinn- und Lebensfragen oder vorhersehbare Beeinträchtigungen im Sterben gibt.

Dies bedeutet:

- Bestehen Konflikte mit anderen Menschen, die den Betroffenen belasten, so strebt er vielleicht noch eine Klärung an, um in Frieden gehen zu können. Ungelöste Lebensgeschäfte können aber Ziele und Wünsche sein, die bislang immer aufgeschoben wurden und deren Umsetzung nun unwahrscheinlicher oder vielleicht sogar unmöglich wird.
- Hat der Betroffene Menschen im Sterbeprozess begleitet und dort unangenehme Erfahrungen (z. B. Schmerzen, Einschränkung der Selbstbestimmung, Unmenschlichkeit) gemacht, kann dies zu Ängsten vor solchen Situationen im eigenen Sterben führen. Hat er hingegen Sterbende begleiten können, die in Frieden und mit sich selbst und der Welt »im Reinen« gehen konnten, hat er möglicherweise eine andere Einstellung.
- Hat der alte, kranke oder sterbende Mensch seine Lebenssinnfrage bislang nicht gestellt oder kann er einen drohenden Abschied aus dem Leben nicht akzeptieren, wird er möglicherweise mit letzter Kraft und unter Einsatz aller Anstrengung am Leben hängen und sich daran festklammern.
- Hat der Betroffene Angst, dass er in dieser letzten Lebensphase als individuelle Persönlichkeit nicht mehr berücksichtigt wird, seine Wünsche (z. B. in Form einer Patientenverfügung) nicht mehr Geltung finden, kann dies Angst auslösen.

Diese Ängste können möglicherweise nicht alle und nicht immer vollständig gelöst oder vermieden werden. Die Vorstellung, als Mensch selbstbestimmt bis zum Schluss, also bis zum letzten Atemzug als der einzigartige Mensch, der man immer war und bis in den Tod hinein auch ist, leben und bestimmen zu können, wäre aber möglicherweise eine hilfreiche Strategie.

Entsprechende Maßnahmen werden in Kapitel 4 aufgezeigt.

Wichtig:

Unabhängig davon, ob die Maßnahmen entsprechend der schriftlichen Vorausverfügung durchgeführt werden oder ob andere Menschen diesbezüglich zu entscheiden haben: Der Wille des Betroffenen und seine geäußerte oder mutmaßliche Einwilligung zur Durchführung der Maßnahme ist Richtschnur und Maßgabe allen Handelns.

2.4.2 Die Angst der »Helfenden« vor dem Sterben

Die Ängste, die ein Helfender im Umgang mit dem Sterben eines anderen empfindet entspringen vor allem aus dem Gefühl der Hilf- und Machtlosigkeit. Nicht genau zu wissen, was der Sterbende möchte (Lebensverlängerung oder Einstellung lebensverlängernder Maßnahmen) hinterlässt vielleicht bei jeder möglichen Entscheidung ein Gefühl der Schuld für den, der bleibt. Nicht genug getan zu haben, das Falsche getan zu haben oder etwas getan zu haben, was nicht sinnvoll oder vom Betroffenen gewünscht war, löst Unsicherheit aus. Diese selbstkritischen Reflexionen können zu Selbstzweifeln führen. Gerade in diesen Bereichen kann eine Patientenverfügung hilfreiche Informationen liefern, aus denen sich erkennen lässt, was der Sterbende/Betroffene wollen und entscheiden würde, wenn er es selbst entscheiden könnte. Angst vor einer Entscheidung kann jedoch auch dazu führen, dass im Rahmen einer Vermeidungshaltung jede mögliche Entscheidung oder Mitentscheidung abgelehnt wird. Es wird einfach alles gemacht, um sich später nicht dem Vorwurf auszusetzen, dass etwas ungerechtfertigterweise unterlassen wurde.

Pflegende fühlen sich hier möglicherweise unter Druck gesetzt. Bei gravierenden Entscheidungen stehen sie jedoch nicht allein dar. Pflegekräfte können ohnehin nicht allein entscheiden, denn die Anordnungsverantwortung obliegt dem Arzt. Doch auch Angehörige fühlen sich oft mit der enormen Verantwortung überfordert und wissen nicht, welchen Weg sie wählen sollen. *Borasio, Putz* und *Eisenmenger* zeigen in einem sehr schönen Flussdiagramm auf, wie der Entscheidungsweg gestaltet werden soll, um dem Willen des Betroffenen möglichst nahe zu kommen.

Ein weiterer Grund für die Angst der Begleitenden, Betreuenden oder Behandelnden vor der Sterbebegleitung kann dadurch entstehen, dass sie sich selbst mit ihrem eigenen endlichen Dasein noch nicht ausreichend auseinander gesetzt haben. Die Konfrontation mit dem dahinscheidenden Leben zeigt Menschen deutlich, dass auch ihr Leben letztlich im Tod enden wird. Dieses Ende scheint für viele Menschen noch weit entfernt zu sein und sie möchten daran nicht erinnert werden. Auch die erkennbare Loslösung des Sterbenden von allem Irdi-

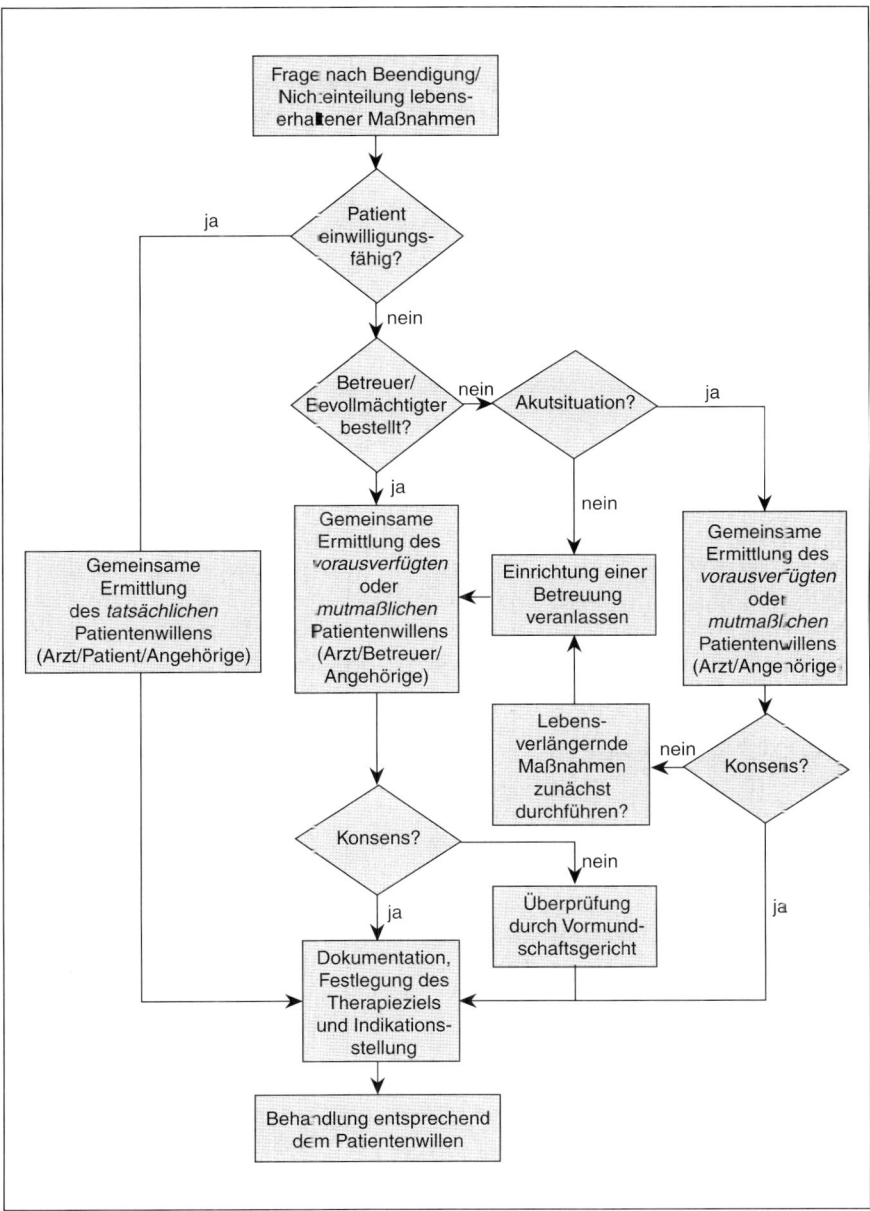

Abb. 5: Der Weg der Entscheidung für die Frage der Beendigung/Nichteinleitung lebens-verlängernder Maßnahmen.

schen zeigt, dass nichts mehr als das nackte Dasein in die letzte Lebensphase und schließlich in den Tod eintreten wird. Gerade die Menschen, die sich während ihres Lebens über irdische Güter, über materielles Eigentum definiert haben, können hier zu Angst neigen, wenn sie erkennen, dass Eigentum und Macht im Sterben nicht mehr zählen.

Diese Auseinandersetzung mit dem eigenen Leben und dem eigenen Sterben bleibt jedoch keinem Menschen erspart. So kann die Begleitung Schwerkranker und Sterbender in diesen schweren Entscheidungsprozessen auch hilfreich für die eigene Reifung werden.

3 Patientenverfügung und Betreuungsvollmacht – Juristische Rahmenbedingungen

Heike Ambrosy

3.1 Ausgangslage

Pflegekräfte werden immer häufiger mit dem Problem der Patientenverfügung konfrontiert. Schlagzeilen wie: »*Peter K. wollte sterben. Notärzte retteten ihn, jetzt liegt er – wie 8000 Menschen in Deutschland auch – im Koma. Seine Patientenverfügung wird ignoriert. Wer darf über seinen Tod entscheiden?*« (Zeit online, Die Zeit, 48/2003) oder Fälle wie der der US-Amerikanerin Terri Schiavo werfen im Pflegealltag viele Fragen auf:

1. Was muss ich tun, wenn ein Patient/Bewohner eine Patientenverfügung errichten will und sich an mich wendet?
2. Wie habe ich mich zu verhalten, wenn sich in der Akte des Patienten/Bewohners eine Patientenverfügung befindet?
3. Vor allem im Pflegeheim stellt sich die Frage: Darf/muss ich den Arzt oder sogar Notarzt rufen, wenn der Bewohner in einer Verfügung festgelegt hat, dass er das nicht will?
4. Was kann ich tun, wenn eine Patientenverfügung vorliegt, der Arzt sich aber nicht an diese halten will?
5. Wie verbindlich sind Patientenverfügungen? Welchen Sinn und Zweck haben sie, wenn sie nicht verbindlich sind?
6. Wie wirkt es sich auf die Verbindlichkeit von Patientenverfügungen aus, wenn der Patient/Bewohner sie aufgrund seines Gesundheits- oder Geisteszustandes nicht mehr aktualisieren kann?
7. Können Angehörige bestimmen, was mit dem Patienten/Bewohner passiert und können sie mir etwas vorschreiben?
8. Bin ich verpflichtet, einen Patienten/Bewohner, bei dem alle lebenserhaltenden/ -lebensverlängernden Maßnahmen eingestellt wurden, zu pflegen?
9. Welche Pflichten hat der Krankenhaus- oder Heimträger?

Dabei wird übersehen, dass die Problematik in erster Linie die behandelnden Ärzte und nicht die Pflegekraft betrifft. Nur der Arzt ist für die Diagnose sowie die Anordnung einer medizinischen Maßnahme bzw. deren Nichtdurchführung verantwortlich. Ihn trifft die so genannte »Ver- bzw. Anordnungsverantwortung«. Die Pflegekraft ist hingegen zuständig für die ordnungsgemäße Durchführung der ärztlichen Anordnung. Sie trifft die so genannte »Durchführungsverantwortung«.

Tabelle 2: Verteilung der Verantwortung.

Arzt	Pflegeperson
im Krankenhaus: Anordnungsverantwortung	
im Pflegeheim: Verordnungsverantwortung	Durchführungsverantwortung

Das bedeutet andererseits aber nicht, dass Pflegepersonen bei dem Thema »Patientenverfügung« völlig außen vor sind. Als Teil des Behandlungsteams, zu dem alle professionellen Fachkräfte gehören, die wesentlich an der Behandlung eines Patienten/Bewohners beteiligt sind, gehören natürlich auch die Pflegekräfte. Zwischen Ärzten und Pflegekräften sollte daher vor allem zum Wohle des Patienten/Bewohners Einigkeit bestehen.

Die folgenden Ausführungen beantworten die in der Praxis am häufigsten auftretenden Fragen und sollen Pflegepersonen im Umgang mit diesem Thema Sicherheit geben. Da es zum Thema »Patientenverfügung« bereits eine unüberschaubare Flut von Veröffentlichungen gibt, die Hilfestellung bei der Erstellung von Patientenverfügungen und Formulierungsbeispiele bieten, soll im Folgenden davon abgesehen werden. Eine Übersicht an Literatur findet sich z. B. bei *Wagenitz* a.a.O., S. 669. Bevor auf die oben genannten Fragen näher eingegangen wird, sind jedoch einige rechtliche Ausführungen erforderlich. Hier ist derzeit einiges im Umbruch (siehe auch Kapitel 3.6)

3.2 Begriffsklärung und Abgrenzung: Patientenverfügung, Vorsorgevollmacht, Betreuungsverfügung

3.2.1 Patientenverfügung

Die Patientenverfügung wird häufig immer noch als »Patiententestament« bezeichnet. Diese Bezeichnung ist jedoch missverständlich, da es sich nicht um ein Testament im erbrechtlichen Sinne handelt. Mit dem Testament wird etwas verfügt, was erst nach dem Tode Geltung erhalten soll. Die Patientenverfügung soll ihre volle Wirkung hingegen zu Lebzeiten entfalten.

Unter der Patientenverfügung »versteht man heute allgemein
• *die in gesunden Zeiten oder jedenfalls vor dem Endstadium einer Erkrankung*
• *schriftlich niedergelegte Erklärung*
• *eines einsichts- und urteilsfähigen Menschen,*

- *dass er für den Fall einer definitiv gesetzten Todesursache und eines in absehbarer Zeit schmerzvoll verlaufenden oder von großer Not begleiteten Sterbeprozesses, verbunden mit Bewusstseinsausschaltung oder Bewusstseinstrübung,*
- *weder diagnostische noch therapeutische ärztliche Maßnahmen wünscht, die letztlich nur dazu dienen, sein ohnehin zu Ende gehendes Leben künstlich und schmerzvoll zu verlängern, oder die zu einem menschenunwürdigen Siechtum führen würden«* (*Uhlenbruck,* in: *Laufs/Uhlenbruck,* § 132 Rn. 35).

Damit will sich der Verfasser einer solchen Verfügung dagegen wehren, dass ihm gegen seinen Willen eine Lebensverlängerung aufgedrängt wird. Darin liegt eine Verweigerung der ärztlichen Behandlung. Aufgrund der Gesundheitsreform befürchten mittlerweile aber auch einige, dass ihnen nicht mehr alles zuteil wird, was medizinisch möglich ist.

Hintergrund für die Errichtung einer solchen Verfügung ist also die Angst im Hinblick auf medizinische Behandlungen etwas nicht, zu viel oder anders zu bekommen, als man will. Im Vordergrund steht dabei stets die Befürchtung, nicht mehr selbst über sein Leben entscheiden zu können, sondern anderen »ausgeliefert« zu sein.

Diese Befürchtung ist besonders groß, wenn es darum geht, in Würde sterben zu dürfen. Unter einem würdevollen Sterben verstehen die meisten Menschen, dass das Sterben weit gehend frei von unerträglichen Schmerzen, Not, Angst und Unruhe, aber auch unter Berücksichtigung ihres Willens erfolgt.

Die Patientenverfügung richtet sich an Ärzte und Betreuer/Bevollmächtigte und ist abzugrenzen von der Vorsorgevollmacht und der Betreuungsverfügung.

3.2.2 Vorsorgevollmacht

Mit der Vorsorgevollmacht können eine oder mehrere Personen des Vertrauens bevollmächtigt werden, eine volljährige Person in Angelegenheiten des täglichen Lebens zu vertreten. Nach geltendem Recht muss jeder volljährige Mensch einer anderen Person eine Vollmacht ausstellen, wenn diese für ihn wirksam im Rechtsverkehr handeln soll. Eine Bevollmächtigung kraft Familienzugehörigkeit oder Eheschließung – wie häufig angenommen wird – kennt das Gesetz nicht. Soll also die Ehefrau für ihren Ehemann einen Rentenantrag stellen, über sein Konto verfügen oder seine Aufnahme in ein Pflegeheim veranlassen, so benötigt sie hierfür eine Vollmacht ihres Ehemannes. Daran hat auch das zweite Gesetz zur Änderung des Betreuungsrechts, das zum 1. Juli 2005 in Kraft getreten ist, nichts geändert. Zwar war zunächst vorgesehen, Ehegatten und eingetragenen Lebenspartnern für bestimmte Vermögens- und Gesundheitsangelegenheiten eine

Vertretungsmacht kraft Gesetzes einzuräumen. Auch volljährige Kinder sollten nachrangig eine gesetzliche Vertretungsmacht in Gesundheitsangelegenheiten erhalten. Da hierin aber ein Bruch mit bewährten Rechtstraditionen, eine Entwertung der Vorsorgevollmacht und erhebliche Missbrauchsgefahren gesehen wurden, wurde davon abgesehen. Daher gilt nach wie vor das oben Gesagte: Für die Vertretung einer volljährigen Person im Rechtsverkehr ist weiterhin eine Vollmacht der betreffenden Person erforderlich (vgl. *Renner,* ZAP, S. 655).

Die Vollmacht kann sich auf alle Bereiche des täglichen Lebens erstrecken, also auf Behörden-, Wohnungs-, Geld- aber auch auf Gesundheitsangelegenheiten. Zu beachten ist jedoch, dass das Gesetz bestimmte Anforderungen an eine solche Vollmacht stellt. Der in der Praxis häufig anzutreffende Zettel, der handschriftlich den Satz enthält: *»Mein Sohn Willi regelt alles«,* und vom Vollmachtgeber unterschrieben ist, reicht rechtlich nicht aus. Vielmehr muss die Vollmacht genau enthalten, in welchen Bereichen und in welchem Umfang der Bevollmächtigte handeln dürfen soll (vgl. §§ 1904 Abs. 2 und 1906 Abs. 6 BGB). Für einige Bereiche (z. B. die Verfügung über Immobilien) ist eine notarielle Beurkundung der Vollmacht erforderlich. Die Vollmacht verfolgt unter anderem den Sinn, eine gesetzliche Betreuung entbehrlich zu machen. So ist in § 1896 Abs. 2 Satz 2 BGB geregelt, dass eine Betreuung nicht erforderlich ist, *»soweit die Angelegenheiten des Volljährigen durch einen Bevollmächtigten ..., ebenso gut wie durch einen Betreuer besorgt werden können.«* Seit 1999 wurde die Bedeutung von Vorsorgevollmachten gestärkt. Seitdem ist auch die Erteilung von Vollmachten für die Einwilligung in ärztliche Maßnahmen und Unterbringungsmaßnahmen gesetzlich anerkannt (vgl. §§ 1904 Abs. 2, 1906 Abs. 5 BGB). Diese so genannte »Vorsorgevollmacht in Gesundheitsangelegenheiten« gibt dem Patienten die Möglichkeit, sein Selbstbestimmungsrecht auszuüben. Jedoch benötigt auch der schriftlich Bevollmächtigte zur Verweigerung der Einwilligung in eine ärztlich angebotene lebenserhaltende oder -verlängernde Behandlung die Zustimmung des Vormundschaftsgerichts (*Renner* in: *Müller/Renner* 2005, S. 362).

Da mit der Vollmacht eine Person bestimmt wird, die für den Fall, dass jemand selbst nicht oder nicht mehr handeln kann, Entscheidungen treffen soll, empfiehlt es sich, die Vorsorgevollmacht mit der Patientenverfügung zu kombinieren. In diesem Fall ist es Aufgabe des Bevollmächtigten, für die Durchsetzung des in der Patientenverfügung geäußerten Willens zu sorgen. Dies hat den Vorteil, dass Ärzte und Gerichte nicht allein auf einen schriftlich geäußerten Willen angewiesen sind, sondern auf ein persönliches Gespräch mit dem Bevollmächtigten zurückgreifen können.

3.2.3 Betreuungsverfügung

Mit der Betreuungsverfügung werden eine oder mehrere Personen bestimmt, die der Verfügende für den Fall, dass das Gericht eine gesetzliche Betreuung einrichten muss, als seine(n) Betreuer wünscht. Eine gesetzliche Betreuung ist dann erforderlich, wenn der Betroffene keine Vorsorgevollmacht errichtet hat und aufgrund einer Krankheit oder Behinderung seine Angelegenheiten ganz oder teilweise nicht mehr selbst regeln kann. Das Gericht muss aber auch dann eine gesetzliche Betreuung einrichten, wenn zwar eine Vorsorgevollmacht vorliegt, diese aber die entsprechende Angelegenheit nicht regelt oder zu ungenau ist. So darf ein Bevollmächtigter, dem mit der Vollmacht das Recht eingeräumt wird, in Wohnungs- und Vermögensangelegenheiten zu handeln, nicht in Gesundheitsangelegenheiten des Vollmachtgebers entscheiden. In diesen Fällen ist die Einrichtung einer gesetzlichen Betreuung für die Gesundheitssorge erforderlich.

Tabelle 3: Abgrenzung Patientenverfügung, Vorsorgevollmacht, Betreuungsverfügung.

Patientenverfügung	Vorsorgevollmacht	Betreuungsverfügung
Art und Umfang der gewollten bzw. nicht gewollten medizinischen Behandlung	Bestimmung einer oder mehrerer Vertrauenspersonen, die im Rechtsverkehr als Vertreter handeln dürfen sollen	Bestimmung einer oder mehrerer Vertrauenspersonen, die als gesetzliche Betreuer bestellt werden sollen
richtet sich an Arzt und Betreuer/Bevollmächtigten	richtet sich an den Bevollmächtigten und an Dritte, denen die Vollmacht vorgelegt wird (z. B. Vermieter, Bank, Heim, Krankenhaus etc.)	richtet sich an das Vormundschaftsgericht

3.3 Rechtliche Einordnung der Patientenverfügung

Die Patientenverfügung ist rechtlich einzuordnen in die Problematik der Sterbehilfe (siehe auch Kapitel 2.1). Sie bewegt sich hier in dem oben näher dargestellten Konflikt zwischen staatlichem Lebensschutz, Recht auf Selbstbestimmung und ärztlicher Behandlungspflicht. Zur Bedeutung der Patientenverfügung im Rahmen der Sterbehilfe siehe auch Kapitel 2.1.6.

3.4 Wirksame Erstellung und Grenzen einer Patientenverfügung

Die Ansichten über die wirksame Erstellung einer Patientenverfügung gehen aufgrund fehlender gesetzlicher Regelungen auseinander. Im Folgenden können daher nur die verschiedenen Ansichten dargestellt werden.

3.4.1 Persönliche Voraussetzung

Persönliche Voraussetzung dafür, dass ein Bewohner/Patient eine Patientenverfügung errichten kann, ist, dass er einsichtsfähig ist (vgl. *Verbraucherzentrale NRW* 2005, S. 28). Anders als bei der Vorsorgevollmacht, deren Erteilung Geschäftsfähigkeit voraussetzt, genügt hier eine natürliche Einsichtsfähigkeit (siehe auch Kapitel 1.2.2). Daher können z. B. auch unter Betreuung stehende Personen oder Minderjährige eine Patientenverfügung errichten, sofern sie die Bedeutung einer Behandlung bzw. einer Behandlungsverweigerung und ihrer Folgen erfassen können.

3.4.2 Form

Eine bestimmte Form der Patientenverfügung ist derzeit gesetzlich nicht geregelt. Es können daher Formulare benutzt werden oder ein frei formulierter Text. Die Ansichten dazu sind unterschiedlich. Teilweise wird empfohlen, einen Text frei zu formulieren, da dies dafür spricht, dass sich der Verfasser damit auseinander gesetzt hat. Teilweise wird davon abgeraten, da eine frei gewählte Formulierung zu Missverständnissen führen kann und die Patientenverfügung dann ihren Zweck verfehlt. Andere empfehlen einen Mittelweg.

Unabhängig davon, wofür sich der Bewohner/Patient entscheidet, gibt es mittlerweile zahlreiche Formulare und Textbausteine, die bei der Abfassung helfen. Nach neueren Ansichten soll eine Patientenverfügung umso beachtlicher sein, je konkreter und einzelfallbezogener sie formuliert ist (*Renner* a.a.O., S. 336 ff.).

In jedem Fall erforderlich sind die eigenhändige Unterschrift mit Vor- und Zunamen sowie die Datumsangabe. Die zum Teil empfohlene notarielle Beglaubigung der Unterschrift sowie die Unterschrift eines Arztes oder von Zeugen ist rechtlich nicht erforderlich.

3.4.3 Aktualisierung

Bezüglich einer regelmäßigen Aktualisierung bestehen ebenfalls keine gesetzlichen Regelungen. Teilweise wird angenommen, eine Patientenverfügung sei umso beachtenswerter, je aktueller sie sei. Es wird eine Aktualisierung in regelmäßigen Zeitabständen von ein bis zwei Jahren empfohlen, teilweise auch in kürzerer Zeiträumen, je nach Verlauf der Krankheit. Der BGH hat in seinem Beschluss vom 17. März 2003 festgestellt: *»Eine frühere Willensbekundung, mit welcher der Patient seine Einwilligung in Maßnahmen der in Frage stehenden Art für eine Situation, wie sie jetzt eingetreten ist, erklärt oder verweigert hat, wirkt, falls der Patient sie nicht widerrufen hat, fort (...); die inzwischen eingetretene Einwilligungsunfähigkeit ändert nach dem Rechtsgedanken des § 130 Abs. 2 BGB an der fortdauernden Maßgeblichkeit des früher erklärten Willens nichts.«* Daraus folgert *Renner*, dass eine Aktualisierung der Patientenverfügung nicht erforderlich sei. Sie habe solange Geltung, wie keine Anzeichen dafür vorhanden seien, dass sie keine Geltung mehr haben solle (vgl. *Renner* a.a.O., S. 325 ff.).

3.4.4 Aufbewahrung

Die Patientenverfügung sollte möglichst so aufbewahrt werden, dass sie im Ernstfall sofort greifbar ist. Damit man die Patientenverfügung nicht immer mit sich herumtragen muss, bietet z. B. die Verbraucherzentrale eine Broschüre an, in der sich eine Karte im Scheckkartenformat befindet. Dort kann eingetragen werden, welche Verfügungen vorhanden sind und wo diese sich befinden. Verschiedene Organisationen bieten die Aufbewahrung gegen Entgelt an (vgl. *Verbraucherzentrale NRW* 2005, S. 34 f.). Es sollte jedoch sichergestellt werden, dass die Verfügung an sieben Tagen die Woche rund um die Uhr zu erhalten ist.

Eine Eintragungsmöglichkeit, wie es das zentrale Vorsorgeregister der Bundesnotarkammer für Vorsorgevollmachten vorsieht, gibt es für die Patientenverfügung bislang noch nicht. Auch eine gesetzliche Regelung, wonach das Vormundschaftsgericht zu unterrichten bzw. die Verfügung dort abzugeben ist, besteht bislang nur für die Vorsorgevollmacht und die Betreuungsverfügung. Im Krankenhaus- und Pflegeheimbereich empfiehlt es sich, zumindest eine Kopie der Patientenverfügung in die Patienten-/Bewohnerakte zu nehmen. Sinnvoll ist auch, einen Hinweis zu notieren, wo sich das Original befindet, da nur dieses Rechtswirkung entfaltet.

3.4.5 Abänderung und Widerruf

Die in einer Patientenverfügung festgelegten Behandlungsvorgaben können vom Bewohner/Patienten jederzeit und formlos abgeändert und widerrufen werden. Abänderung und Widerruf brauchen nicht einmal sprachlich artikuliert zu werden. Gesten wie Kopfnicken, Handzeichen, Zeichen mit den Augen oder sonstige Mimik auf eine entsprechende Frage des Arztes sind ausreichend.

3.4.6 Inhaltliche Gestaltung und Grenzen

Mangels gesetzlicher Vorgaben ist der Verfasser einer Patientenverfügung in der inhaltlichen Gestaltung weit gehend frei. Verfügt werden kann sowohl, dass in bestimmten Situationen eine Behandlung gewünscht wird, als auch dass bestimmte Behandlungen abgelehnt werden. Sowohl die Situation als auch die gewünschten bzw. abgelehnten Behandlungen müssen aber nach überwiegender Ansicht möglichst genau bezeichnet werden (siehe auch Kapitel 3.4.2). So kann z. B. verfügt werden, dass im Zustand unumkehrbarer Bewusstlosigkeit keine Beatmung und keine künstliche Ernährung gewünscht wird. Da die Patienten/Bewohner in der Regel medizinische Laien sind, setzt dies unweigerlich eine ärztliche Aufklärung und Beratung voraus.

Grenzen der inhaltlichen Gestaltung einer Patientenverfügung bilden die Rechtsordnung und das ärztliche Standesrecht. Es kann daher nicht wirksam verfügt werden, dass der Arzt eine aktive Tötungshandlung vornehmen soll. Dies gilt selbst für den Fall, dass der Patient an einer unheilbaren Erkrankung und großen Schmerzen leidet (vgl. *Verbraucherzentrale NRW* 2005).

3.5 Verbindlichkeit der Patientenverfügung

Es ist davon auszugehen, dass die Ansicht, eine Patientenverfügung sei grundsätzlich unverbindlich, mittlerweile wohl nicht mehr vertreten wird. Die Frage nach der tatsächlichen Reichweite einer Patientenverfügung ist jedoch bis heute nicht abschließend geklärt. Probleme bereitet vor allem die praktische Umsetzung in den Fällen, in denen der Sterbeprozess noch nicht unmittelbar eingesetzt hat.

Gegner der Verbindlichkeit führen unter anderem an, dass die Verfügung zu einem Zeitpunkt erstellt wird, in dem der Patient sich nicht in der unmittelbaren Situation befindet, über die er verfügt. Ihm fehlen daher die Erfahrungen mit der entsprechenden Situation. Daraus wird gefolgert, dass sich in der konkreten Situation der Wille möglicherweise geändert haben könnte, dem dann aber keine

Rechnung mehr getragen werden könne (vgl. zum Meinungsstand Enquête-Kommission »Ethik und Recht der modernen Medizin«, a.a.O., S. 10 ff.).

Aus rechtlicher Sicht sind Zivilrecht und Strafrecht zu unterscheiden. Beide Rechtsbereiche sind betroffen, wenn es um die Beurteilung einer ärztlichen Behandlung geht. Der Arzt befindet sich hier in folgendem Dilemma:

Zivilrechtlich schließen Patient und behandelnder Arzt bzw. Krankenhausträger, für den der Arzt als Erfüllungsgehilfe tätig wird, einen Behandlungsvertrag. Dieser legt gegenseitige Rechte und Pflichten fest. Dabei hat der Arzt das Selbstbestimmungsrecht des Patienten zu beachten. Dieses geht nach der Rechtsprechung dem Wohl des Kranken vor. Dem Selbstbestimmungsrecht wiederum entspricht im Zivilrecht ein vertragliches Weisungsrecht gegenüber dem Arzt. Das bedeutet, dass es kein ärztliches Behandlungsrecht gibt und dieses auch nicht vertraglich vereinbart werden kann.

Hat der Patient in einer Patientenverfügung die Durchführung oder Fortführung einer Behandlung untersagt, muss der Arzt dies beachten. Verlangt also der Patient von ihm, er möge ihn sterben lassen, wird das Recht zum Behandlungsabbruch zivilrechtlich zu einer vertraglichen Pflicht des Arztes (*Uhlenbruck/Ulsenheimer* a.a.O., § 132 Rn. 32).

Behandlungsverbote eines einwilligungsfähigen Patienten sind für den Arzt verbindlich. Handelt er dem Willen des Patienten zuwider, macht er sich wegen Körperverletzung gemäß §§ 223 ff. StGB strafbar und möglicherweise schadensersatzpflichtig gemäß §§ 823 ff. BGB.

Anders als im Zivilrecht, aus dem sich die Behandlungspflicht des Arztes laut Behandlungsvertrag ergibt, besteht im Strafrecht eine Behandlungspflicht kraft Gesetzes. Unterlässt es der Arzt, einen kranken Patienten zu behandeln bzw. bricht er eine begonnene Behandlung ab, so läuft er Gefahr, sich wegen unterlassener Hilfeleistung oder gar Körperverletzung bzw. Tötung durch Unterlassen strafbar zu machen.

Unklar ist bislang noch das Verhältnis zwischen Zivil- und dem Strafrecht. Dies führt bei vielen Ärzten in der Praxis zu großer Unsicherheit. Sie bewegen sich in dem Konflikt zwischen dem *»zivilrechtlich Gebotenen und dem strafrechtlich Verbotenen«* (Enquête-Kommission »Ethik und Recht der modernen Medizin«, a.a.O., S. 19). Der BGH hat in seinem Beschluss vom 17. März 2003 die Reichweite von Patientenverfügungen dahingehend eingeschränkt, dass das Grundleiden einen irreversiblen und tödlichen Verlauf angenommen hat. Die Rechtsordnung gestattet bei einwilligungsunfähigen Patienten das Unterlassen oder den Abbruch lebenserhaltender Maßnahmen nur bei Vorliegen derart enger Voraussetzungen. Der BGH führt dazu aus: »*Diese objektive Eingrenzung zulässiger Sterbehilfe ist auch für das Zivilrecht verbindlich; denn die Zivilrechtsordnung kann nicht erlauben, was das Strafrecht verbietet*« (BGH, Beschluss vom 17. März 2003, XII ZB 2/03, III. c) aa).

Festzustellen ist somit, dass die theoretische Verbindlichkeit von Patientenverfügungen heute nicht mehr angezweifelt wird. Umstritten ist nach wie vor die Reichweite von Patientenverfügungen vor allem in den Fällen, in denen das Grundleiden des Patienten noch keinen unumkehrbaren und tödlichen Verlauf, wie z. B. bei Wachkomapatienten, angenommen hat. Die Entscheidung des Arztes ist derzeit nach wie vor abhängig vom Einzelfall und von höchstrichterlichen Entscheidungen.

3.6 Derzeitiger Diskussionsstand

Seit geraumer Zeit beschäftigten sich verschiedene Arbeitsgruppen und Kommissionen mit dem Thema. Zu nennen sind hier vor allem die von der Bundesregierung eingesetzte »Arbeitsgruppe Patientencharta«, die Bioethik-Kommission des Landes Rheinland-Pfalz, die von der Bundesjustizministerin eingesetzte Arbeitsgruppe »Patientenautonomie am Lebensende« sowie die Enquête-Kommission des Deutschen Bundestages »Ethik und Recht der modernen Medizin«. Weiterhin liegt eine Stellungnahme des Nationalen Ethikrates vor. Auch die Bundesärztekammer hat ihre Grundsätze zur ärztlichen Sterbebegleitung überarbeitet und in neuer Fassung am 30. April 2004 beschlossen. Ein von der Bundesjustizministerin Ende 2004 vorgestellter Gesetzentwurf wurde Anfang 2005 wieder zurückgenommen.
Alle Berichte, Stellungnahmen und Grundsätze verfolgen das gemeinsame Ziel, die Bedeutung des Patientenwillens, seines Bevollmächtigten und der Patientenverfügung aufzuwerten.

Alle Berichte und Stellungnahmen beschäftigen sich daher im Wesentlichen mehr oder weniger intensiv mit folgenden Punkten:
• Selbstbestimmungsrecht des Patienten
• Verbindlichkeit von Patientenverfügungen
• Verbot der aktiven Sterbehilfe
• Rechtsstellung des Betreuers und des Vorsorgebevollmächtigten
• Mitwirkung des Vormundschaftsgerichts

Nach Angaben des Humanistischen Verband Deutschlands gibt es Patientenverfügungen schon seit den 70er Jahren (Humanistischer Verband 2005). Seit 1992 gibt es das Betreuungsrecht. Aktuelle Fälle in der Rechtsprechung führen dazu, dass eine Beschäftigung mit der Thematik zunimmt. Richtungweisend war ein Urteil des Oberlandesgerichts Frankfurt/Main aus dem Jahre 1998 (Az. 20 W 224/98). Das Gericht stellte erstmalig die Zuständigkeit des Vormundschaftsgerichts fest, wenn es um die Ermittlung des Willens eines Menschen im Koma beim Abbruch lebenserhaltender Maßnahmen geht. Das Gericht hielt die Ermittlung des Willens allein durch Ärzte und Angehörige nicht für ausreichend und verlangte für den Abbruch der Ernährung mittels einer PEG-Magensonde zusätzlich die Genehmigung des Vormundschaftsgerichts. Da diese Ansicht nicht von allen Oberlandesgerichten geteilt wurde, hatte sich der Bundesgerichtshof (BGH) damit zu beschäftigen. In dem daraufhin ergangenen Beschluss des XII. Zivilsenats des BGH vom 17. März 2003 (Az. XII ZB 2/03) bestätigte der BGH, dass ein Betreuer seine Einwilligung in eine lebenserhaltende oder -verlängernde Behandlung nur mit Zustimmung des Vormundschaftsgerichts wirksam verweigern kann. Der BGH wies jedoch mehrfach daraufhin, dass dies nur für ausdrücklich vom Arzt angebotene Maßnahmen gelte.

Wie bereits oben ausgeführt, liegt also die Entscheidung über lebenserhaltende oder -verlängernde Maßnahmen zunächst allein beim Arzt. Nur wenn dieser überhaupt derartige Maßnahmen durchführen will, sie also anbietet, stellt sich die Frage nach der Beachtung einer Patientenverfügung und der Beteiligung weiterer Personen. Wenn dies nicht der Fall ist, ist kein Raum für eine Einwilligung (siehe auch Kapitel 2.1.6.3).

Da auch der Senat des BGH eine gesetzliche Regelung für wünschenswert hielt, kam es zu den oben geschilderten Aktivitäten der Bundesregierung. Nachdem der Gesetzentwurf der Justizministerin jedoch Anfang 2005 wieder zurückgezogen wurde, steht eine gesetzliche Regelung nach wie vor aus. Das Thema wird zurzeit weiterhin im Bundestag diskutiert.

3.7 Bedeutung der Vorsorgevollmacht im Zusammenhang mit der Patientenverfügung

Es wird empfohlen, die Patientenverfügung mit der Vorsorgevollmacht zu kombinieren, damit der Bevollmächtigte sich für die Durchsetzung des Willens des Patienten/Bewohners einsetzen kann (vgl. *Renner* a.a.O., S. 323). Die Gefahr der Nichtbeachtung einer Patientenverfügung ist geringer, wenn es jemanden gibt, der die Befolgung überwacht. Andererseits besteht die Gefahr, dass bei bevollmächtigten Angehörigen gegenüber dem Arzt der Eindruck der Habgier entstehen kann. Daher sollte überlegt werden, ob neben dem bevollmächtigten Angehörigen noch eine nicht erbberechtigte neutrale Person, zumindest für den Bereich der Patientenverfügung, bevollmächtigt wird. Außerdem empfiehlt es sich, die Patientenverfügung nicht in die Vorsorgevollmacht zu integrieren, da den Arzt nur die Patientenverfügung, nicht aber die Bevollmächtigung in Vermögens- oder Wohnungsangelegenheiten interessiert.

3.8 Bedeutung der Betreuungsverfügung im Zusammenhang mit der Patientenverfügung

Da mit der Betreuungsverfügung eine oder mehrere Personen bestimmt werden können, die für den Fall, dass keine oder keine gültige Vorsorgevollmacht vorliegt, die gesetzliche Betreuung übernehmen sollen, empfiehlt sich auch hier, das oben zur Vorsorgevollmacht Gesagte zu beachten. Die Patientenverfügung kann daher mit der Betreuungsverfügung verknüpft werden, damit eine Person für deren Durchsetzung verantwortlich ist.

3.9 Vergleich mit anderen Ländern (Überblick)

Ein Vergleich der Rechtslage mit anderen ausgewählten europäischen Ländern findet sich in dem Zwischenbericht der Enquête-Kommission »Ethik und Recht der modernen Medizin« (2005, S. 22 ff.). Danach gilt bezüglich der gesetzlichen Regelung von Patientenverfügungen in den dort ausgewählten europäischen Ländern derzeit Folgendes:

Belgien:	Ausdrückliche gesetzliche Grundlage im Patientenrechtsgesetz vom 22. August 2002.
Dänemark:	Gesetzliche Regelung seit 1992 im Patientenverfügungsgesetz.
Frankreich:	Bislang keine gesetzliche Regelung; Patientenverfügungen sind aber in der französischen Diskussion bekannt.
Großbritannien:	Keine gesetzliche Regelung vorhanden und von der Regierung auch nicht gewünscht; Beurteilung nach englischem Fallrecht (case law).
Niederlande:	Gesetzliche Regelung im »Gesetz über den medizinischen Behandlungsvertrag«.
Norwegen:	Keine ausdrückliche Rechtsgrundlage; geregelt ist nur der Umgang mit dem Nichteinverständnis des Patienten.
Österreich:	Rechtslage vergleichbar mit Deutschland.
Polen:	Keine ausdrückliche gesetzliche Regelung.
Schweden:	Keine ausdrückliche gesetzliche Regelung.

Schweiz: Nationale gesetzliche Regelung noch nicht vorhanden, aber ge-
              plant.
Spanien: Seit 2002 Patientenverfügungen, in einer nationalen Gesetzge-
              bung verankert.

3.10 Häufig gestellte Fragen

1. Was muss ich tun, wenn ein Patient/Bewohner eine Patientenverfügung errichten will und sich an mich wendet?

Wenn sich ein Patient/Bewohner mit dem Wunsch an die Pflegeperson wendet, eine Patientenverfügung zu errichten, ist diese, sofern es zu ihren Arbeitsaufgaben gehört, verpflichtet, bei der Errichtung behilflich zu sein. Sie hat daher dafür zu sorgen, dass der Patient/Bewohner die Verfügung errichten kann. Dies kann z. B. durch Herbeirufen eines Notars oder unter Zuhilfenahme vorhandener Textbausteine oder Formulare geschehen. Jede Einrichtung (Krankenhaus oder Heim) sollte daher entsprechende Formulierungen bereithalten.

2. Wie habe ich mich zu verhalten, wenn sich in der Akte des Patienten/Bewohners eine Patientenverfügung befindet?

Wenn sich in der Patienten-/Bewohnerakte eine Patientenverfügung befindet, hat die Pflegekraft dafür Sorge zu tragen, dass diese dem Arzt zur Kenntnis gebracht wird. Dies gilt vor allem bei der Krankenhauseinweisung eines Heimbewohners. Hier sollte in jedem Fall eine Kopie der Patientenverfügung bereitgehalten werden, die dem Bewohner oder dem Notarzt mitgegeben wird.

3. Vor allem im Pflegeheim stellt sich die Frage: Darf/muss ich den Arzt oder sogar Notarzt rufen, wenn der Bewohner in einer Verfügung festgelegt hat, dass er das nicht will?

Wenn die Pflegekraft nicht Gefahr laufen will, sich wegen Körperverletzung oder Tötung durch Unterlassen strafbar zu machen, sollte sie in jedem Fall einen Arzt benachrichtigen. Pflegekräften fehlt häufig die Kompetenz, sicher festzustellen, ob bei dem Bewohner der Gesundheitszustand vorliegt, für den er die Nichtbenachrichtigung eines Arztes festgelegt hat. Diese Entscheidung kann nur der Arzt treffen. Schwierigkeiten können sich daraus ergeben, dass anwesende Angehörige darauf drängen, keinen Arzt mehr einzuschalten. Hier ist zu berücksichtigen, dass Angehörige, die weder ordnungsgemäß bevollmächtigt noch gesetzliche Betreuer sind, ohnehin keine Entscheidungen treffen dürfen. In diesem Fall sollte die Pflegekraft stets einen Arzt benachrichtigen, damit dieser die Entscheidung trifft. Wird die Benachrichtigung eines Arztes durch anwesende Bevollmächtigte oder gesetzliche Betreuer untersagt, sollte die Pflegekraft dies zur eigenen Absicherung dokumentieren und sich von dem Bevollmächtigten/Betreuer schriftlich bestätigen lassen. Es empfiehlt sich, auch die oder den Vorgesetzten einzuschalten. Um die Verantwortung nicht allein tragen zu müssen, empfiehlt es sich ferner, so genannte »Ethikkommissionen« zu errichten, die dann im Team über die Vorgehensweise in einer derartigen Situation beraten und entscheiden (siehe auch Kapitel 4.1.8).

4. Was kann ich tun, wenn eine Patientenverfügung vorliegt, der Arzt sich aber nicht an diese halten will?

In dieser Situation hat das Pflegepersonal keine Handlungsmöglichkeiten. Es hat mit der Übergabe der Patientenverfügung an den Arzt seine Pflicht erfüllt. In solchen Fällen kann nur der Bevollmächtigte oder der gesetzliche Betreuer eventuell mit gerichtlicher Hilfe auf den Arzt einwirken.

5. Wie verbindlich sind Patientenverfügungen? Welchen Sinn und Zweck haben sie, wenn sie nicht verbindlich sind?

Zur Verbindlichkeit der Patientenverfügung siehe Kapitel 3.5. Immer wieder taucht die Frage auf, warum dann überhaupt eine Patientenverfügung abgefasst werden soll, wenn die Verbindlichkeit nicht in vollem Umfang gewährleistet ist. Dazu lässt sich sagen, dass eine vorhandene Verfügung immer besser ist als gar keine. Aus den oben gemachten Ausführungen lässt sich herleiten, dass eine Patientenverfügung zumindest Indizwirkung für den mutmaßlichen Willen des Patienten besitzt und Ärzten, Bevollmächtigen und Betreuern somit eine Entscheidungshilfe sein kann.

6. Wie wirkt es sich auf die Verbindlichkeit von Patientenverfügungen aus, wenn der Patient/Bewohner sie aufgrund seines Gesundheits- oder Geisteszustandes nicht mehr aktualisieren kann?

Nach dem Beschluss des BGH vom 17. März 2003 und auch nach den Richtlinien der Bundesärztekammer (2004) hat eine Patientenverfügung im Rahmen der derzeitigen Rechtslage so lange Gültigkeit, wie kein entgegenstehender Wille des Patienten/Bewohners erkennbar ist (siehe hierzu auch Kapitel 3.4.3).

7. Können Angehörige bestimmen, was mit dem Patienten/Bewohner passiert und können sie der Pflegekraft etwas vorschreiben?

Angehörige können nur dann Entscheidungen bezüglich des Patienten/Bewohners treffen, wenn sie eine rechtsgültige Vollmacht besitzen oder die gesetzliche Betreuung innehaben. Ohne Vollmacht oder Betreuung sind Äußerungen und Forderungen von Angehörigen rechtlich unwirksam. Wie weit das Bestimmungsrecht des Bevollmächtigten oder des gesetzlichen Betreuers der Pflegeperson gegenüber reicht, ist eine Frage der Regeln der gesetzlichen Vertretungsmacht (Wie weit reicht der Umfang der Vollmacht?), des Betreuungsrechts (Welche Aufgabenkreise hat der Betreuer?) sowie der arbeitsvertraglichen Verpflichtungen der Pflegekraft (Ist die Pflegekraft zur Durchführung der verlangten Aufgabe, z. B. zur Begleitung des Bewohners zum Arzt, gemäß Arbeitsvertrag verpflichtet?). Siehe zu dieser Frage auch Kapitel 3.2.2.

8. Bin ich verpflichtet, einen Patienten/Bewohner, bei dem alle lebenserhaltenden/lebensverlängernden Maßnahmen eingestellt wurden, zu pflegen?

Der BGH hatte über einen Fall zu entscheiden, in dem der Betreuer in Übereinstimmung mit dem behandelnden Arzt verlangt hatte, die künstliche Ernährung bei einem einwilligungsunfähigen Wachkomapatienten einzustellen. Der Heimträger hatte dies unter Berufung auf den Pflegevertrag und die Gewissensfreiheit des Pflegepersonals abgelehnt. Die Vorinstanzen, das Landgericht Traunstein und das Oberlandesgericht München, hatten entschieden, dass Pflegekräfte aus Gewissensgründen die Mitwirkung an der Beendigung der künstlichen Ernährung verweigern können. Da der Patient am 26. März 2004 verstorben ist, hatte sich der Rechtsstreit erledigt. Der BGH hatte nur noch über die Kosten des Rechtsstreits zu befinden. Hierzu hat er eine summarische (zusammengefasste) Prüfung der Erfolgsaussichten der Klage durchgeführt. Dabei ist er in seinem Beschluss vom 8. Juni 2005 (Az. XII ZR 177/03) zu dem Ergebnis gekommen, dass der Heimvertrag den Heimträger nicht berechtigt, die künstliche Ernährung gegen den verbindlich geäußerten Willen (hier durch den Betreuer) des Bewohners fortzusetzen.

Ein Verweigerungsrecht ergibt sich auch nicht aus den grundgesetzlich verbürgten Rechten der Pflegekräfte. Das Selbstbestimmungsrecht der Pflegekräfte aus Art. 2 GG finde seine Grenze an den »Rechten anderer«. Inwieweit die Gewissensfreiheit des Pflegepersonals gemäß Art. 4 Absatz 1 GG betroffen war, hatte der BGH nicht geprüft, da dies für den zu entscheidenden Fall nicht erforderlich war. Der BGH hat jedoch festgestellt, dass Art. 4 Absatz 1 GG dann nicht betroffen sei, wenn das Strafrecht die künstliche Ernährung eines einwilligungsunfähigen Patienten vorschreibt, da niemand zu einer unerlaubten Handlung gezwungen werden darf. Andererseits kann das Pflegepersonal aber aus Art. 4 Absatz 1 GG auch kein Recht herleiten, sich über das Selbstbestimmungsrecht des Bewohners hinwegzusetzen und selbst in dessen Recht auf körperliche Unversehrtheit einzugreifen.

Das bedeutet, dass der Heimträger verpflichtet ist, bei Vorliegen der rechtlichen Voraussetzungen, die angeordnete Beendigung der künstlichen Ernährung vorzunehmen. Ob sich die einzelne Pflegekraft dennoch aus Gewissensgründen weigern kann, einen Bewohner, bei dem alle lebensverlängernden/lebenserhaltenden Maßnahmen eingestellt wurden, zu pflegen, ist schließlich eine Frage des Arbeitsrechts. Der Heimträger hat als Arbeitgeber ein Weisungsrecht, d. h., er darf dem Arbeitnehmer alle Arbeitsaufgaben zuweisen, die sich im Rahmen des Arbeitsvertrages und der Billigkeit bewegen und nicht gegen Gesetz oder Kollektivvereinbarungen verstoßen. Im Rahmen der Billigkeit hat der Arbeitgeber auch die in Art. 4 Absatz 1 GG geregelte Gewissensfreiheit zu berücksichtigen. Ist der Heimträger nicht zwingend auf die Arbeitskraft der sich weigernden Pflegekraft bei der Pflege des betroffenen Bewohners angewiesen, wird sich die Pflegekraft zu Recht weigern dürfen. Kann der Heimträger die Pflegekraft jedoch nicht anderweitig einsetzen, verliert sie für die Dauer der Weigerung ihren Lohnanspruch. Außerdem riskiert sie in der Praxis arbeitsrechtliche Konsequenzen wie Abmahnung und Kündigung aufgrund vorgeworfener Arbeitsverweigerung.

Die Pflegekraft müsste dann möglicherweise die Rechtmäßigkeit der Maßnahme vor den Arbeitsgerichten überprüfen lassen. Der Ausgang eines derartigen Verfahrens ist aufgrund der Einzelfallbezogenheit und der nicht einheitlichen arbeitsgerichtlichen Rechtsprechung nur schwer vorhersehbar. Jede Pflegekraft sollte daher vorher genau überprüfen, ob sie die Pflege verweigern will.

9. Welche Pflichten hat der Krankenhaus- oder Heimträger?

Krankenhaus- und Heimträger sind verpflichtet, dem Pflegepersonal Handlungsanweisungen zu erteilen, wie es sich zu verhalten hat und was zu veranlassen ist, wenn der Patient/Bewohner eine Patientenverfügung errichten will. In jedem Fall sollte das Pflegepersonal wissen, an wen es sich wenden kann, um Auskunft zu erhalten. Es wird daher empfohlen, dass jedes Krankenhaus und jede Heimeinrichtung Formulare zur Errichtung einer Patientenverfügung bereithalten sollte, um dem Patienten/Bewohner zur Ausübung seines Selbstbestimmungsrechtes zu verhelfen. Kann der Patient/Bewohner aus vom Krankenhaus-/Heimträger zu vertretenden organisatorischen Gründen die gewünschte Patientenverfügung nicht wirksam errichten, kommt eine Haftung des Trägers auf Schadensersatz in Frage (vgl. *Uhlenbruck* in: *Laufs/Uhlenbruck* 2002, § 95 Rn. 16).

4 Möglichkeiten und Grenzen pflegerischen Mitwirkens bei der Gestaltung und Umsetzung autonomer Selbstbestimmung im Sterbeprozess

Angela Paula Löser

Pflegekräfte fühlen sich häufig überfordert oder allein gelassen, wenn sie bei einem Pflegebedürftigen Hinweise auf eine akut eintretende Verschlechterung oder auf einen beginnenden Sterbeprozess erkennen:

- Sollen hier lebensverlängernde Maßnahmen eingeleitet und durchgeführt werden?
- Soll ein Bewohner mit einer bereits weit fortgeschrittenen Demenz noch eine PEG zur Verabreichung von Nahrung und Flüssigkeit erhalten und, wenn ja, mit welchem Ziel?
- Kann und darf ich dies allein als Pflegekraft entscheiden?
- Welche Rolle spielen die Angehörigen oder Betreuer?

Nachfolgend werden hilfreiche Strategien aufgezeigt, um zu erkennen, wie der Betroffene selbst entscheiden würde, wenn er könnte. Auch unterstützen sie den Entscheidungsprozess durch den Arzt, die Angehörigen und die Pflegenden, wenn der Betroffene selbst seine Wünsche oder Entscheidungen nicht mehr äußern kann. In jedem Fall muss deutlich sein, dass die Pflegekraft niemals autonom die Entscheidung über die Einleitung, Verlängerung, Einstellung oder Änderung einer lebensverlängernden Maßnahme entscheiden kann.

4.1 Strategien im Bereich der Pflege zur Klärung des geäußerten oder mutmaßlichen Willens des Betroffenen

Nahezu täglich werden Pflegende vor Entscheidungen gestellt. Hierbei können sie Entscheidungen zu Pflegemaßnahmen selbst treffen. Entscheidungen, die möglicherweise über das weitere Leben oder einen drohenden Tod beschließen, müssen dem Arzt gemeldet werden. Ihm obliegt die Anordnungsverantwortung für die Einleitung oder Nicht-Durchführung von Maßnahmen. Dennoch sind Pflegende maßgeblich an der letztlichen Entscheidung beteiligt. Sie sammeln Indizien, die bei der Entscheidungsfindung unterstützend wirken können.

Folgende Fragen sind hilfreich:

- Kann der Betroffene selbst entscheiden? Kann er in eine Maßnahme einwilligen oder diese ablehnen? (Voraussetzungen siehe Seite 20 f.)
- Hat er seinen Willen vorausverfügt?
- Gibt es einen Betreuer oder Bevollmächtigten, der den mutmaßlichen Willen des Betroffenen kennt und hilft, diesen zu erfüllen? Ist der Betreuer oder Bevollmächtigte über die Patientenverfügung informiert oder ist diese in seinem Besitz?
- Gibt es Hinweise für einen mutmaßlichen Willen des Betroffenen? Lassen sich Anzeichen im Sinne von Indizien für einen bestimmten Wunsch oder eine Grundhaltung erkennen? Wenn ja, welche sind dies? (Beobachtungen oder Aussagen eintragen)
- In welcher Verfassung befindet sich der Betroffene und welche Ziele werden mit der geplanten Maßnahme angestrebt?
- Ist davon auszugehen, dass die angestrebten Maßnahmen und Ziele die Zustimmung des Betroffenen erhalten würden (Was hätte dieser gewollt)?
- Gibt es Alternativen?
- Wer ist in diesen Entscheidungsprozess zu integrieren?
- Muss der Arzt informiert werden? (In jedem Fall, wenn es um lebenserhaltende akute Maßnahmen geht)
- Was ist zu tun, um sich rechtlich gegen den Vorwurf der unterlassenen Hilfeleistung oder der Sterbehilfe abzusichern?

Alle Strategien stehen unter der Forderung, dass der Pflegebedürftige als Mensch in seiner Würde anzunehmen und entsprechend zu handeln ist. Es wird in diesem Zusammenhang keine vollkommene Richtigkeit oder Falschheit geben. Jede Entscheidung muss immer individuell und verantwortungsbewusst und vor allem unter der Berücksichtigung des jeweils individuellen Willens des Betroffenen getroffen werden. So können die nachfolgenden Strategien vor allem als Unterstützung für einen Prozess gesehen werden, bei dem das Selbstbestimmungsrecht des Menschen möglichst weit gehende Berücksichtigung findet.

4.1.1 Erfassung vorliegender Patientenverfügungen und Betreuungsvollmachten bei der Aufnahme eines Patienten/Bewohners

Bei der Aufnahme eines Menschen in einer Pflege- oder Behandlungseinrichtung sollte schon in der Aufnahmesituation nach einer schriftlich festgelegten Patientenverfügung und/oder einer Betreuungs- oder Vorsorgevollmacht gefragt werden. So kann der Betroffene erkennen, dass hier sein Selbstbestimmungsrecht geachtet wird.

Eine solche Frage ist jedoch behutsam und vorsichtig zu formulieren. Immer mehr stationäre Alteneinrichtungen gehen dazu über, die Frage routinemäßig und ähnlich wie die nach dem Personalausweis zu stellen. Ablehnende Haltungen von Seiten der Pflegebedürftigen oder der Angehörigen sind eher selten, vielfach zeigt sich eher Überraschung und eine positive Resonanz.

Wichtig:

Liegen entsprechende Dokumente vor, so sollte eine Kopie angefertigt und der Hinweis darauf direkt auf dem Stammblatt vermerkt werden. (Einige Einrichtungen markieren den Eintrag zusätzlich mit einem Textmarker, um die Wichtigkeit der Eintragung hervorzuheben).

Wenn bislang noch keine entsprechenden Wünsche festgelegt wurden, kann im Rahmen des Aufnahmegesprächs auf diese Möglichkeit hingewiesen werden. Hierbei können Adressen zur Information, vorgefertigte Verfügungsformulare (die dann individuell auszufüllen sind) oder Adressen, die Hilfestellung geben können, aufgezeigt werden. In vielen Fällen ist es sinnvoll, den Betroffenen mit dem Ausfüllen nicht allein zu lassen, da eine ungenaue Formulierung später zu Unklarheiten führen könnte. Auch ein vorausgehendes Gespräch mit einem Arzt kann sinnvoll sein, da die meisten Patienten/Bewohner die Auswirkungen und Folgen einer Erkrankung nicht beurteilen können und Entscheidungen für oder gegen bestimmte Maßnahmen somit evtl. nicht auf einem objektiven Grund stehen.

Folgende Fragen sind hilfreich:

* Besteht bereits eine Patientenverfügung?
* Ist diese so verfasst, dass sie konkrete Hinweise für konkrete Situationen gibt (oder steht dort einfach nur: *»Ich möchte keine lebensverlängernden Maßnahmen«*)? Es sollte jeweils eine genaue Aussage über Ablehnung/Einwilligung in eine bestimmte Maßnahme unter Angabe der jeweils konkreten Situation erfolgen.
* Besteht der Bedarf einer weiterführenden Beratung?
* Ist der Hausarzt über die Patientenverfügung informiert, kennt er den Inhalt?
* Sollte ggf. der Hausarzt eingeschaltet werden (wenn z. B. fortschreitende und tödlich endende Erkrankungen vorliegen)?
* Möchte der Betroffene und/oder seine Angehörigen eine Beratung und Information, wenn noch keine Verfügung vorliegt?
* Möchte der Betroffene einen Bevollmächtigten bestimmen, der für ihn stellvertretend Entscheidungen treffen darf?
* Darf eine Kopie der Unterlagen erstellt werden?

4.1.2 Beratung und Information von Betroffenen und Angehörigen im Rahmen von Pflegevisiten und Gesprächen

Vielfach kommen Pflegebedürftige zur Aufnahme in eine Einrichtung und haben sich zu diesem Zeitpunkt noch keine weiter reichenden Gedanken darüber gemacht, wie sie sich den Einsatz bestimmter Behandlungsstrategien oder ihre letzte Lebensphase vorstellen. Im guten Glauben, dass so eine Situation »immer nur bei anderen auftritt«, regeln viele Menschen ihre Wünsche und ihren Willen für solche Phasen nicht. Es ist ja auch kaum vorstellbar, dass einmal eine Situation auftreten kann, in der man sich nicht mehr äußern, seinen Willen bekunden und ggf. Maßnahmen ablehnen kann. Große Not und Verzweiflung entstehen dann, wenn dieser Fall eintritt.

Innerhalb von Pflegevisiten oder anderen Gesprächen (z. B. Angehörigenabend) können diese Themen angesprochen und Hilfe angeboten werden. Angehörige verstehen die Notwendigkeit sehr schnell, wenn ihnen Situationen aufgezeigt werden. Hierbei ist es wichtig, dass vermittelt wird, dass es nicht darum geht, der Mutter oder dem Vater Maßnahmen vorzuenthalten oder diese möglichst schnell sterben zu lassen. Betroffene und Angehörige sollten nachvollziehen können, dass sie sich ja auch für die Fortführung einer Behandlung oder für den Einsatz aller zur Verfügung stehenden Maßnahmen entscheiden können, oder dass sie die Verantwortung für jegliche Entscheidungen an einen anderen Menschen delegieren können (Vorsorgevollmacht und Betreuungsverfügung).

Bei allen Gesprächen muss also deutlich werden, dass es darum geht, den Willen des Menschen aufzuzeigen und durch die schriftliche Fixierung in Konfliktsituationen nachvollziehbar zu machen. Das Ziel der Auseinandersetzung besteht darin, sich Gedanken für solche Situationen zu machen und dies in der Familie zwischen Betroffenem und den übrigen Familienmitgliedern oder einem Betreuer zu besprechen.

Folgende Fragen sind hilfreich:

- Hat sich der Angehörige, der Betreuer oder der Bevollmächtigte jemals mit dem Betroffenen über mögliche Situationen unterhalten, kennt er die Wünsche des Betroffenen? (Wenn ja, welche sind dies)?
- Wie bewerten der Angehörige, der Betreuer oder der Bevollmächtigte eine vorhandene Patientenverfügung? Würde er die Umsetzung im gegebenen Fall unterstützen und gemäß dem Willen des Betroffenen handeln?
- Wie bewertet der Angehörige, der Betreuer oder der Bevollmächtigte die derzeitige und die zukünftige Situation des Betroffenen?

- Welche Maßnahmen würde der Angehörige, der Betreuer oder der Bevollmächtigte unterstützen, welche eher ablehnen?
- Möchte der Betroffene eventuell unter Zuhilfenahme seiner Angehörigen/seines Betreuers eine Patientenverfügung verfassen? In diesem Fall ist das Hinzuziehen des Hausarztes sinnvoll (jedoch nicht zwingend vorgegeben).

4.1.3 Gemeinsame Zielfindung in der kooperativen - Pflegeprozessgestaltung

Der Pflegeprozess ist ein Regelkreis, in dem auf der Basis einer erhobenen Informationssammlung Ressourcen und Probleme des Pflegebedürftigen analysiert, geeignete Ziele festgelegt und entsprechende Maßnahmen zur Zielerreichung geplant und durchgeführt werden. Immer wieder muss dieser Vorgang bewertet, d. h. evaluiert werden, um ggf. Anpassungen vornehmen zu können.

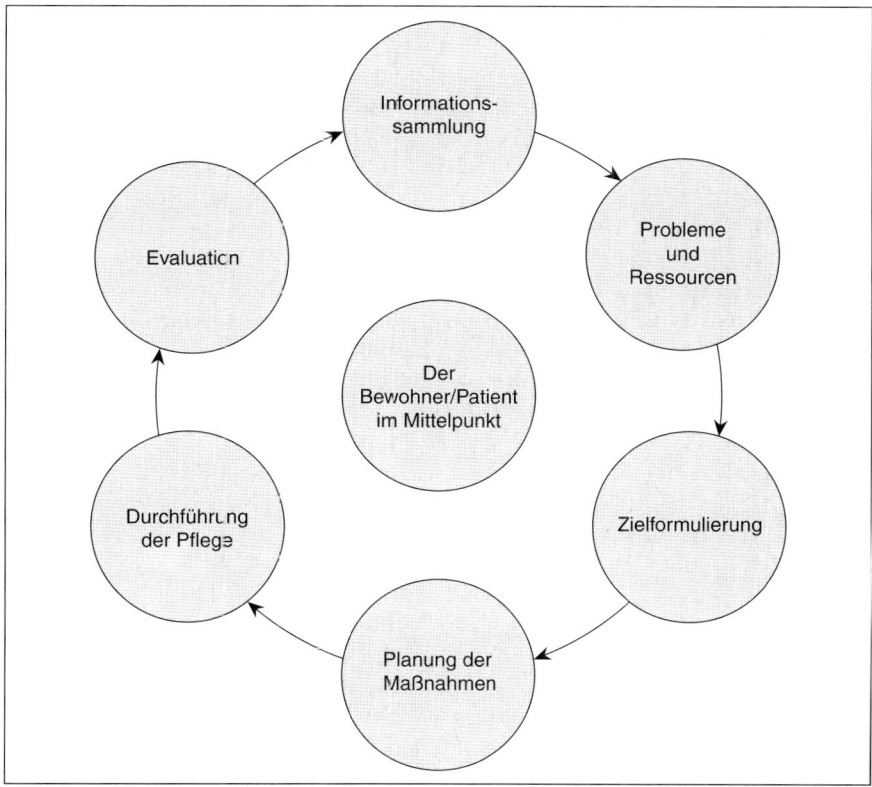

Abb. 6: Regelkreis der Pflegeprozessplanung.

Der Pflegeprozess stellt einen Handlungsablauf dar, der sowohl den Weg der Informationssuche, der Entscheidungsfindung sowie die prozessbegleitende Bewertung strukturiert und alle Schritte nachvollziehbar darstellt.

Die Bewertungs- und Entscheidungsprozesse in diesem Regelkreis dürfen niemals nur durch die Pflegekraft erfolgen. Auch hier steht der Betroffene im Mittelpunkt. Seine Bewertung zum vorliegenden Zustand und zur Zukunft, seine Einschätzung der erlebten Lebensqualität und seine Ziele sind maßgeblich für die Auswahl und Anwendung von Maßnahmen. Bei der Bestimmung medizinischer Maßnahmen ist der Arzt hinzuzuziehen.

Bei der **Informationssammlung** sollten Erfahrungen, die der Betroffene im Umgang mit schweren Krisen, Erfahrungen, die er beim Sterben von Angehörigen oder Freunden gemacht hat und die Bewertung der eigenen Situation erhoben werden. Aufgrund der zunehmenden Häufigkeit von gerontopsychiatrischen Erkrankungen werden die Einschätzung der eigenen Situation und die Darstellung in sinnhafter Kommunikation immer schwieriger erkennbar. Hier müssen Pflegende auch auf nonverbale Darstellungen achten (Abwehrverhalten, wie z. B.: »*Nimmt nicht mehr teil an seiner Umwelt*« – »*Lehnt Kontakte und Kommunikation ab*«, oder: »*Reagiert freudig auf Ansprache, lächelt wiederholt*« – »*macht einen ausgeglichenen Eindruck durch ...*« (Beobachtungsparameter beschreiben).

Insbesondere bei Menschen mit demenziellen und anderen gerontopsychiatrischen Veränderungen sollten auch die Angehörigen befragt werden. Ethisch-moralisch fragwürdig wird die Ablehnung von lebensverlängernden Maßnahmen durch den Betroffenen, wenn dieser der Gesellschaft oder der Familie lediglich nicht zur Last fallen möchte. In diesem Fall sollte genau geprüft werden, ob er in die Maßnahme ohne diesen Grund einwilligen und ihr zustimmen würde.

Bei der **Analyse der Ressourcen und Probleme** unterliegt die Pflegekraft der Problematik, erkannte Phänomene aufgrund ihrer eigenen Einschätzung zu bewerten. Hierbei muss sie jedoch unterscheiden, ob es sich um ein Problem des Betroffenen oder um ihr Problem handelt.

Zwei Beispiele:
1. Ein Mensch kann nicht mehr in der gewohnten Form mit Hilfe von Geschirr und Besteck essen und trinken. Er nimmt die Nahrung nun mit den Fingern zu sich, beschmutzt sich dabei und sein Umfeld. Handelt es sich bei der aufgetretenen Einschränkung nun um ein Problem des Betroffenen oder kann er mit seinen Fingern mit genauso viel Freude und Lust essen wie andere Menschen mit Besteck? Möglicherweise wird hier schnell das Essen angereicht, weil sich

Pflegende und Angehörige vom beschmutzten Anblick des Pflegebedürftigen beeinträchtigt fühlen.

2. Ein Mensch, der bislang allein in seiner Wohnung gelebt hat, sich dort mehr oder weniger ausreichend versorgt, jedoch die Körperpflege nicht mehr regelmäßig durchführen kann (Schuppen auf dem Pullover, fettige Haare, lange und ungepflegte Nägel) wird in eine Pflegeeinrichtung eingewiesen, weil er dort »besser versorgt ist«. Hier bleibt unter der Beachtung des Selbstbestimmungsrechts des Menschen die Frage, wer denn bewertet, was »besser« oder »schlechter« versorgt heißt. Welche Parameter werden hierzu herangezogen? Kann nicht der weitere Verbleib in der eigenen Wohnung, in der sich der Betroffene wohl fühlt, bislang keinen gefährdet hat und zu Haus ist, nicht möglicherweise als »besser versorgt (weil selbstbestimmt) gelten, als im Heim, wo er sich den verschiedenen Rahmenbedingungen anpassen muss? Diese Bewertung kann kaum ein Außenstehender vornehmen. Gut wäre es hier zu wissen, was dieser Mensch in dieser Situation selbstbestimmt entscheiden würde, und wie er seine eigene Lebensqualität einschätzt.

Im Falle der akuten Selbstgefährdung oder einer bestehenden oder sich entwickelnden Fremdgefährdung muss möglicherweise anders entschieden werden.

In der Phase der **Zielsetzung** stehen die Pflegenden vor ähnlichen Problemen. Ist das augenscheinlich sinnvolle Ziel, das die Pflegefachkraft formuliert, ein Ziel, mit dem sich der Pflegebedürftige einverstanden erklären kann oder handelt es sich um ein Ziel, das durch Pflegestandards vorgegeben oder gesetzt wird, um die äußere Ordnung aufrecht zu erhalten Wenn noch vor wenigen Jahren ein alter Mensch nicht mehr aufstehen und weiterleben wollte, legte er sich ins Bett. Hier wäre niemand auf den Gedanken gekommen, dass man ihn nun in zweistündigen Abständen lagern, drehen und bewegen müsste. Es wäre akzeptiert worden. Heute werden Menschen gegen ihren Willen (manchmal sogar unter Abwehrverhalten) in verschiedenen Positionen gebettet, weil die Angst vor Regressansprüchen, z. B. bei einem entstehenden Dekubitus, durch die Kostenträger groß ist.

So zeigt es sich immer wieder, dass Menschen selbst kurz vor dem Sterben noch unter Schmerzen immer wieder gelagert werden. Hier bedarf es einer intensiven Pflegeberichterstattung, um deutlich zu machen, dass jetzt möglicherweise für diesen Menschen andere Maßnahmen sinnvoll wären (z. B. nur Mikrolagerungen). Die schriftliche Darstellung im Pflegebericht wird dann besonders wichtig, wenn ein Mensch eine geplante Pflegemaßnahme nicht will – ja, sogar durch körperliche oder verbale Abwehrmaßnahmen deutlich macht, dass er sich dagegen wehrt. Insbesondere bei Menschen, die in den Sterbeprozess eingetreten sind (siehe Kapitel 2) muss hier erneut die Zielsetzung unter dem palliativen Gedanken überprüft werden. Ist es hier nicht oberstes menschliches Gebot, die Lebensqualität des Betroffenen möglichst weit gehend zu erhalten? Muss angesichts des wahrscheinlich baldigen Endes die Notwendigkeit und Sinnhaftigkeit der Bewegungsmaßnahmen nicht dann geprüft werden, wenn der Betroffene dadurch Schmerzen erleidet? Macht die Anlage einer PEG dann noch Sinn, wenn eine bereits weit fortgeschrittene Demenz vorliegt und der Betroffene durch diese Maßnahme nicht von einer möglichen Lebensqualitätsverbesserung profitieren kann oder sogar durch abwehrende Handbewegungen anzeigt, dass er das Anhängen der Nahrung nicht zulassen möchte? Welches Ziel wird hier verfolgt? Geht es eher um das Ziel der Verlängerung des Lebens oder sollte nicht eher der Erhalt der Lebensqualität in den Vordergrund gerückt werden? Wie viel einfacher wären solche Entscheidungsprozesse, wenn der Betroffene eine entsprechende Verfügung für diese Situation vorgenommen hätte.

Die **Maßnahmenplanung** ergibt sich aus den dann gesetzten Zielen. Jede Maßnahme bedarf der Einwilligung des Betroffenen. Eine gegen den Willen des Menschen durchgeführte Maßnahme stellt den Tatbestand der Körperverletzung dar. Lässt sich also erkennen (weil der Betroffene dies verbal äußert oder weil er durch körperliche Verhaltensweisen seine Ablehnung bekundet), dass der Betroffene in eine Maßnahme nicht einwilligt, so darf sie nicht gegen seinen Willen durchgeführt werden. Problematisch stellt sich hier das Vorhandensein einer gerontopsychiatrischen Erkrankung dar. In diesem Fall kann der Betroffene möglicherweise aufgrund seiner eingeschränkten Denkfähigkeit auch nicht mehr bewusst und reflektiert entscheiden und gemäß dieser Entscheidung handeln. Die Folgen seines Handelns kann er vielleicht nicht mehr erkennen. Diese Einschränkungen bedeuten jedoch nicht, dass bei vorliegender Diagnose einer Demenz eine Entscheidung des Betroffenen nicht mehr eingeholt werden muss (siehe auch Kapitel 1.2.2)

Wer entscheidet über welche Maßnahme?

Die Entscheidung für durchzuführende Maßnahmen liegt in einigen Fällen bei der Pflegekraft (wenn es sich um pflegerische Maßnahmen handelt), in anderen Fällen beim Arzt. In jedem Fall muss aber die Einwilligung des (entscheidungsfähigen und aufgeklärten) Menschen eingeholt, sein vorausverfügter Wille geprüft oder der mutmaßliche Wille ermittelt werden. Hierbei gilt der Ablauf nach einem Schema, wie es Seite 51 zeigt.

In der Konzeption von Palliative Care ist es wichtig, nicht zu warten bis eine konkrete Situation eingetreten ist, sondern schon im Vorfeld ein Konzept (einen Plan) zu erstellen, was dann zu tun ist. Ein solcher Plan sollte die Wünsche des Patienten berücksichtigen. Kann er diese nicht mehr äußern, sollten sich die Beteiligten im Rahmen einer Ethikkommission zusammenfinden und die Antwort auf der Basis dessen, was der Betroffene wollen würde, suchen.

Die Aufgabe der Pflegenden ist es, die Reaktion auf eingeleitete und durchgeführte Maßnahmen zu beobachten und entsprechend zu dokumentieren.

Folgende Fragen sind hilfreich:

* Kann der Betroffene selbst den Regelkreis des Pflegeprozesses beeinflussen
  (kann er bewusst Feststellungen treffen, Reflektionen vornehmen, Ziele setzen,
  Maßnahmen durchführen oder deren Durchführung zulassen, Bewertungen
  seiner Situation und deren Entwicklung vornehmen)?
* Wie würde der Betroffene in den einzelnen Prozessschritten reagieren und ent-
  scheiden, wenn er zur Reflektion fähig wäre und diese äußern könnte?
* Was wären seine Ziele?
* Welchen Maßnahmen würde er in keinem Fall zustimmen?
* Welche Maßnahmen würde er sich wünschen?
* Welche Wünsche hat er hinsichtlich der Gestaltung seiner letzten Lebensphase
  und seines Sterbeprozesses (möchte er bis zuletzt unter Anwendung aller technischen und medikamentösen Möglichkeiten am Leben erhalten werden, oder
  würde er sich eher für einen kürzeren Lebenszeitraum entscheiden)?
* Wie und wo können seine Wünsche und Bestimmungen, die er selbst treffen
  würde, erhoben, beschrieben und umgesetzt werden?
* Stellen die Gesetze Grenzen in der Umsetzung der selbstbestimmten Wünsche
  des Betroffenen dar? (Wie sieht die Situation aus, wenn jemand z. B. nicht
  mehr in ein Krankenhaus eingewiesen werden möchte)?
* Wann wird der Arzt involviert?
* Wann und in welcher Form setzen sich alle Beteiligten zusammen, um ge-
  meinsam bei einem nicht mehr entscheidungsfähigen Menschen den mutmaßlichen Willen zu eruieren?
* Gibt es in der Einrichtung eine Ethik-Kommission oder soll der Prozess im
  Rahmen einer Fallbesprechung geklärt werden?

4.1.4 Erfassung wegweisender Informationen und Dokumentation im Pflegebericht

Hat ein Mensch seinen Willen nicht vorausverfügt und kann er sich aufgrund ein-
getretener Krankheiten oder Störungen nicht mehr selbst äußern, werden zur Entscheidungsfindung häufig »Indizien für den mutmaßlichen Willen« des Betroffenen gesucht.

Hierzu werden einerseits die Angehörigen befragt: *»Was würde die Mutter/der
Vater in diesem Fall wollen? Wie würde sie/er entscheiden?«* Die Aussage von

Angehörigen oder die des Betreuers wird durch Anzeigen eines Zitats mit den Zeichen »...« gekennzeichnet.

Schwierig wird die Berücksichtigung dieser Aussagen, wenn das Verhältnis zwischen dem Betroffenen und seinen Angehörigen problematisch war oder wenn sich aus dem Ableben des Pflegebedürftigen Erbansprüche ergeben. So sind weitere »Indizien« von nicht verwandten Personen als weitere Unterstützung hilfreich.

Pflegende sollten daher Informationen, die Auskünfte über das Befinden des Bewohners, seine Lebensqualität oder über mutmaßliche Wünsche geben können, möglichst objektiv dokumentieren.

- *»Frau ... lehnt das Anreichen von Getränken ab, schlägt mit der Hand immer wieder nach dem Glas ...«,*
- *»Herr ... spuckt das angereichte Essen ständig aus oder macht den Mund zu.«*

Auch Aussagen des Betroffenen wie
- *»Ach, würde der Herrgott mich doch endlich holen, er hat mich gewiss vergessen ...«, oder:*
- *»Lasst mich doch endlich in Ruhe, ich will meinen Frieden ...«*
sollten eingetragen werden.

Werden auf diese Weise unterschiedliche Informationen von verschiedenen Pflegenden und Menschen, die den Betroffenen kennen, zusammengetragen, so können sie wenigstens ein »Stimmungsbild« ergeben.

Verlaufsplanung bei notfallmäßiger Durchführung von Maßnahmen, in die der Betroffene nicht eingewilligt hat, oder die nach einiger Zeit als nicht mehr sinnvoll angesehen werden:

Es kann vorkommen, dass im Rahmen einer Notfallsituation ein Bewohner im Krankenhaus bspw. eine PEG erhält. Als Indikation wird evtl. angegeben, dass ja die Möglichkeit besteht, dass sich der Bewohner durch die nun optimierte Nahrungs- und Flüssigkeitszufuhr in seinem Gesamtzustand wieder verbessert. Diese Situation zeigt sich häufiger, wenn schwer demenzkranke Menschen wegen verschiedener Störungen ins Krankenhaus eingeliefert werden. Dort sieht man sich überfordert, Essen und Trinken funktionieren nicht mehr angemessen, also wird eine PEG gelegt. Mit der Hoffnung auf Besserung des Zustandes kann die PEG sogar indiziert sein. Sollte sich jedoch nach einiger Zeit zeigen, dass dies nicht der Fall ist, müsste die Sinnhaftigkeit dieser Maßnahme neu geprüft werden (insbesondere, wenn eine Patientenverfügung vorliegt).

Folgende Fragen sind hilfreich:

- Lehnt der Betroffene klar und deutlich Maßnahmen ab?
- Hätte er diese Maßnahme abgelehnt, wenn er befragt worden wäre?
- Konnte er die Einwilligung oder Ablehnung nicht geben, weil er zur freien Willensbekundung nicht in der Lage war?
- Kann er die Ablehnung begründen?
- Bestehen Einschränkungen im Denken und Entscheiden?
- Kann er die Folgen seiner Entscheidung erkennen?
- Wie reagiert der Betroffene auf pflegerische Maßnahmen (z. B. auf das Arreichen von Nahrung oder Getränken)?
- Werden bei ablehnendem Verhalten Alternativen angeboten und getestet und sind diese und ihre Wirkung im Pflegebericht beschrieben?
- Tritt ein Abwehrverhalten gegenüber einer Maßnahme nur bei einer einzelnen Pflegekraft auf oder ist dies bei verschiedenen Pflegenden der Fall?
- Wird die Lebensqualität des Betroffenen durch die Maßnahmen in erheblichem Umfang eingeschränkt?
- Lassen sich Anzeichen eines eintretenden Sterbeprozesses erkennen, die ein Absetzen/Ändern der Maßnahmen rechtfertigen?
- Können die Maßnahmen unter der sich ändernden Zielsetzung des Erhalts von Lebensqualität als ungeeignet oder nur bedingt geeignet angesehen werden?
- Hat er vorausverfügt, ob er in derartige Maßnahmen oder in weiterführende, kompensierende einwilligen würde?

Der Arzt ist zur Klärung weiterer Schritte einzubeziehen.

Achtung:

Die Angehörigen haben keine rechtliche Handhabe, wenn sie nicht bevollmächtigt sind. Sie können dem Arzt nur Indizien für die Willenserforschung geben. In erster Linie hat der Betreuer zusammen mit dem Arzt zu entscheiden, wenn der Bewohner/Patient die Entscheidung nicht mehr selber treffen kann. In diesem Fall gilt es, im Sinne des Betroffenen zu entscheiden.

4.1.5 Kommunikation zur Analyse selbstbestimmter Wünsche

Die Erfüllung von Wünschen und die Berücksichtigung des mutmaßlichen Willens des Betroffenen erfordern spezielle Kenntnisse. Gerade in Pflegesituationen sind die Wünsche des Pflegebedürftigen aber nicht unbedingt bekannt. Ältere Menschen glauben zuweilen, die Maßnahmen so annehmen zu müssen, wie sie von Ärzten oder Pflegekräften angeboten werden. Hier kommt auch der Mythos des Arztes als »Gott in Weiß« immer noch zum Tragen.

Bestehen Möglichkeiten zur verbalen Kommunikation, sollte der Betroffene immer wieder nach seinen Wünschen und Entscheidungen gefragt werden. Lehnt er eine Maßnahme ab, so wird dies im Pflegebericht dokumentiert. In diesem Fall sollten dann Alternativen aufgezeigt werden.

Folgende Fragen sind hilfreich:

- Kann der Betroffene befragt werden und seine Einwilligung oder Ablehnung auf sprachlichem Wege eingeholt werden?
- Zeigen sich nonverbale Signale für eine Einwilligung oder Ablehnung? Wie sehen diese aus? Es reicht nicht, Vermutungen in der Dokumentation zu vermerken. Es ist hier sinnvoller, die Beobachtungen über die Sinnesorgane möglichst objektiv einzutragen. Z. B.: *»Frau K. wehrte mit der Hand immer wieder das Anreichen des Getränks ab.«*
- Hat der Betroffene schriftlich festgelegt, was er in bestimmten Fällen möchte?
- Hat der Betroffene einen Bevollmächtigten bestimmt, mit dem im Gespräch geklärt werden kann, was der Betroffene wollte, wenn er sich ausdrücken könnte?
- Gibt es Menschen, die Hinweise zum mutmaßlichen Willen des Betroffenen geben könnten?
- Lassen sich in der Pflegedokumentation schriftliche Hinweise zu den Wünschen und Vorstellungen oder zur ablehnenden Einstellung des Betroffenen erkennen?
- Zeigt sich wiederholt ein Abwehrverhalten?
- Wie bewertet das Pflegeteam in seiner Gesamtheit die Situation?
- Lässt sich im Gespräch mit den Angehörigen, dem Betreuer oder Bevollmächtigten und dem Arzt eine einheitliche Einschätzung zur Situation und zum weiteren Vorgehen erkennen?

4.1.6 Kranken- und Verhaltensbeobachtung, wenn Sprache nicht mehr möglich ist

Kann ein Mensch sich nicht mehr verbal äußern, führen Pflegende eine intensive Verhaltensbeobachtung durch. **Jetzt muss auch ohne Worte erkennbar sein, ob der Pflegebedürftige einer Maßnahme zustimmt oder diese ablehnt.** Ablehnung kann sich in vielfacher Form zeigen, z. B. als direktes körperliches Abwehrverhalten:

- Beißen
- Schlagen
- Kneifen
- Spucken
- Schreien
- Treten

Abwehrverhalten, das eine innere Verweigerung ausdrückt:
- Mund fest schließen
- Sich wegdrehen
- Den anderen nicht ansehen
- Körperhaltungen, die eine Abkapselung signalisieren sollen wie die Embryohaltung
- Aktivitäten verweigern usw.

Solche ablehnenden Verhaltensweisen sollten gründlich im Pflegebericht dokumentiert werden (beschrieben wird, bei welcher Maßnahme oder Aktivität sich das Verhalten zeigt und wie es genau aussieht. Wird es beendet, wenn die Maßnahme vorbei ist, oder zeigt es sich auch unabhängig davon?). Halten solche Verhaltensweisen länger als eine Woche an, so ist der Arzt zu informieren, wenn das Verhalten des Betroffenen eine Gefährdung bedingen kann. Die Beobachtungen werden in die Problem- und Ressourcenspalte der Pflegeplanung übertragen und entsprechende Maßnahmen (Alternativen, Kompromisse) geplant.

Folgende Fragen sind hilfreich:

- Welche Verhaltensweisen zeigen sich, die die Notwendigkeit der Einleitung von Maßnahmen nötig werden lassen?
- Entspricht dieses Verhalten dem Normverhalten dieses Menschen? (Manche Menschen haben z. B. ihr ganzes Leben nur einen halben Liter Flüssigkeit pro Tag zu sich genommen, sind also darauf eingestellt. Die Anlage einer PEG ist hier nicht ohne weiteres zu rechtfertigen.)
- Welche Reaktionen lassen sich erkennen (Ablehnung, Zustimmung oder Inkaufnahme)?
- Welches Verhalten hat der Betroffene in den vergangenen Monaten und Wochen gezeigt?
- Lassen sich alternative Maßnahmen einsetzen, auf die der Betroffene evtl. nicht mit Abwehrverhalten reagiert?

4.1.7 Kommunikation im interdisziplinären Team und mit den Angehörigen

Pflegemaßnahmen werden überwiegend durch eine Pflegekraft allein durchgeführt. Diese beobachtet den Pflegebedürftigen und bewertet die wahrgenommenen Beobachtungen aufgrund ihrer persönlichen Erfahrungen und Einschätzungen. Hierbei kommt es auch zu Unsicherheiten:
- *»Reagiert der Betroffene nur bei mir so?«*
- *»Bin ich ein schlechter Mensch, weil ich glaube, dass diese Behandlung hier keinen Sinn mehr macht?«*

Solche Fragen bedürfen der Erörterung im Team.

Gerade bei Entscheidungen zu notwendig werdenden Maßnahmen entstehen ggf. Konflikte durch unterschiedliche Meinungen im Team oder zwischen einzelnen Angehörigen oder auch zwischen dem Team und den Angehörigen. Die Anordnung einer medizinischen Maßnahme obliegt – wenn es sich um eine Behandlungsmaßnahme handelt – dem Arzt. Diese darf jedoch nicht einfach ohne die Einwilligung des Betroffenen durchgeführt werden (dies ist nur im Notfall legitim). Es ist die Einwilligung des aufgeklärten und einwilligungsfähigen Menschen oder seines Bevollmächtigten notwendig. Hilfreich kann hier die Patientenverfügung oder eine Vollmacht sein. Diese stellt schriftlich den Willen des Betroffenen dar; eine Berücksichtigung ist so am ehesten möglich.

Problemsituationen in Entscheidungsprozessen entstehen nicht, wenn der Betroffene sich selbst äußern und selbstbestimmt in eine Maßnahme einwilligen oder diese ablehnen kann. Problematisch sind die Situationen, in denen dies nicht mehr oder nur eingeschränkt geht.

Der Austausch mit den Teamkollegen, mit den Angehörigen (und/oder dem Betreuer oder Bevollmächtigten) und dem behandelnden Hausarzt ist hier sinnvoll, um gemeinsam nach dem mutmaßlichen Willen des Betroffenen zu forschen oder die unter Berücksichtigung seines vorausverfügten oder mutmaßlichen Willens wahrscheinlich beste Lösung zu suchen.

Erstellung eines Plans für eine Palliativsituation, wenn diese absehbar ist:

Insbesondere, wenn der Pflegebedürftige an einer weit fortgeschrittenen Demenzerkrankung, Tumorkrankheit u. Ä. leidet, die mit Wahrscheinlichkeit in naher Zukunft zum Tode führt, sollte ein Konzept für die verschiedenen denkbaren Situationen erstellt werden. So kann man verhindern, dass Situationen entstehen, in denen eine einzelne Pflegekraft plötzlich die Verantwortung für Entscheidungen tragen soll. Der behandelnde Arzt muss hier als Haupt- und Mitverantwortlicher für die Planung der weiteren Therapie (die auch die Festlegung der Unterlassung von Maßnahmen beinhalten kann, wenn diese nicht mehr angemessen sind oder die Leidenszeit des Betroffenen sinnlos hinauszögern, ohne gleichzeitig die Lebensqualität zu verbessern) einbezogen werden.

Eine Patientenverfügung, schriftliche und mündliche Aussagen von Pflegenden und Angehörigen helfen, den mutmaßlichen Willen des Betroffenen durch das Zusammentragen von Indizien zu erkennen. Eine solche gemeinsam getroffene Entscheidung hinterlässt später auch nicht bei einer einzelnen Person das Schuldgefühl »am Tod der Mutter/des Vaters« schuld zu sein.

4.1.8 Bildung von Ethikkommissionen in den Einrichtungen

Situationen, in denen aufgrund des steigenden Lebensalters, den typischen, damit verbundenen gerontopsychiatrischen Erkrankungen und den gleichzeitig immer neuen intensivtherapeutischen und lebensverlängernden Maßnahmen Grenzentscheidungen zu treffen sind, sollten Entscheidungen frühzeitig genug überlegt werden.

Bestimmungen über den Weitergang von Therapie- und Pflegemaßnahmen sollten nicht auf die Akutsituation begrenzt werden oder dem Zufall überlassen bleiben.

Kann der Pflegebedürftige sich äußern, ist er in alle Entscheidungsprozesse zu integrieren. In Fällen, in denen dies nicht möglich ist, können im Rahmen von **Fallbesprechungen** insbesondere chronische Krankheits- und Pflegeverläufe immer wieder neu geprüft und die Sinnhaftigkeit des Einsatzes von lebensqualitätseinschränkenden und lebensverlängernden Maßnahmen gewertet werden. Derartige Fallbesprechungen können nur auf Situationen bezogen werden, die nicht notfallmäßig auftreten, da sonst die sofortige Einleitung von Maßnahmen zum Erhalt des Lebens notwendig ist (um dem Vorwurf der unterlassenen Hilfeleistung zu entgehen).

Niemals sollte einem Menschen eine sinnvolle Maßnahme vorenthalten werden – auch das ist ein Ziel einer solchen Kommission. Daneben soll sich diese aber auch mit der Frage einer verantwortungsvollen Ablehnung oder eines Abbruchs von Maßnahmen beschäftigen, wenn diese dem Betroffenen keine Vorteile mehr bringen.

Alle Überlegungen und alle Entscheidungsprozesse müssen auf der Basis rechtlicher Rahmenbedingungen, unter Berücksichtigung einer evtl. vorhandenen Patientenverfügung oder der Aussagen eines Bevollmächtigten getroffen werden. Schließlich wird im Rahmen einer solchen Fallbesprechung jede berufliche Gruppe (Pflegende, Arzt, ggf. Theologe) ihren Standpunkt vertreten, eine Bewertung der gegenwärtigen und zukünftigen Situation vornehmen und Empfehlungen für eine angemessene Einleitung oder Fortführung der Behandlung aussprechen. Hierbei muss immer der individuelle Mensch in seiner jeweils spezifischen Situation (mit seiner persönlichen Biografie) berücksichtigt werden. So lässt sich gemeinsam ein Weg begehen, bei dem der Wille des Betroffenen weit gehend berücksichtigt wird, ohne dass ein oder mehrere Menschen unter der alleinigen Verantwortung für die Entscheidung leiden.

Die in dieser Gruppe durchgeführte Diskussion und die getroffene Entscheidung sind gründlich zu dokumentieren, um späteren juristischen Zweifeln entgegenwirken zu können.

Folgende Fragen sind hilfreich:

- Liegt eine Patientenverfügung vor, in der der Betroffene festgelegt hat, welcher Maßnahme er im vorliegenden Fall zustimmen und welche er ablehnen würde? (Hier müssen schon genau die Situation beschrieben und die Maßnahmen, die er ablehnen würde, differenziert aufgeführt sein).
- Hat der Betroffene einen Bevollmächtigten bestimmt, der für ihn stellvertretend Maßnahmen zustimmen oder ablehnen kann?
- In welcher individuellen Lebenssituation befindet sich der Betroffene? (Krankheitszustand, Prognose, bestehende Problematik, Chance, durch eine mögliche Maßnahme die Lebensqualität zu verbessern.) – Die genaue Situation sollte beschrieben sein.
- Was ist die Zielsetzung, die mit der zu diskutierenden Maßnahme erreicht werden soll?
- Wie würde der Betroffene, könnte er sich hierzu äußern, die Zielsetzung und die dazu erforderliche Maßnahme bewerten? (Würde er ihr eher zustimmen oder diese eher ablehnen?)
- Lassen sich in der Pflegedokumentation Hinweise erkennen, die Aufschluss geben über die Bewertung des Betroffenen hinsichtlich seiner Lebensqualität?
- Lassen sich in der Pflegedokumentation Hinweise erkennen, die Aufschluss geben über Zustimmungen oder Ablehnungen gegenüber bestimmten Maßnahmen?
- Welche Argumente sprechen für bzw. gegen die Durchführung der Maßnahme?

In dieser Kommission kann auch das Stufenmodell der Ermittlung des Willens des Betroffenen genutzt werden.

Tabelle 4: Die vier Stufen zur Ermittlung des Willens.

1. Stufe:	Der einwilligungsfähige Mensch wird befragt, er kann entscheiden.
2. Stufe:	Ein vorausverfügter Wille (Patientenverfügung) wird berücksichtigt.
3. Stufe:	Der mutmaßliche Wille des Betroffenen wird ermittelt.
4. Stufe:	Es gelten allgemeine Werte und Normen einer Gesellschaft.

Die höchstmögliche Stufe ist zu nutzen. Die Fragestellung und der Weg der Entscheidungsfindung werden in einem Protokoll festgehalten.

Name des Betroffenen: _____

Datum der Fallbesprechung: _____

Anwesende:

_____

_____

_____

Anlass der Fallbesprechung (kurze Problemskizzierung)

_____

_____

_____

Wie zeigt sich die körperliche Situation des Betroffenen?

_____

_____

_____

Wie zeigt sich die psychisch-seelische Situation des Betroffenen?

_____

_____

_____

Gibt es einen vorausverfügten Willen (Patientenverfügung)   ❏ Ja ❏ Nein
Wenn ja, welche Regelung hat der Betroffene
für die aktuelle Situation vorgenommen?

_____

_____

_____

▶▶

Bei nicht vorhandener Patientenverfügung – Liegt eine Vorsorgevollmacht oder eine gesetzliche Betreuung vor?
Wenn ja: Name und Adresse des Bevollmächtigten/Betreuers und Art und Umfang der Vollmacht/Betreuung:

_____

_____

_____

Wichtige Argumente für die Änderung der bestehenden Situation (Angabe des Argumentierenden):

_____

_____

_____

Gemeinsam getroffene Entscheidung:

_____

_____

_____

Liegt ein Konsens der Beteiligten der Fallbesprechung vor? ❏ Ja ❏ Nein

Muss das Vormundschaftsgericht eingeschaltet werden? ❏ Ja ❏ Nein

Unterschrift der Beteiligten

_____

_____

_____

Abb. 7: Protokoll für die Fallbesprechung.

5 Das Leben des Pflegenden mit dem Konflikt

Menschen in Krisensituationen zu betreuen und zu pflegen, Leiden auszuhalten, Beistand zu leisten in Phasen von Krankheit und Beschwerden bis in den Tod hinein, erfordert von den Pflegenden ein Höchstmaß an menschlicher Stärke. Erkennen zu können, wenn ein Mensch dahinsiecht, wenn seine Teilnahme am Leben und die Freude daran immer geringer wird und wenn die Aktivitäten, die den gesunden und aktiven Menschen ausmachen, immer weniger werden, führt nicht selten zu der Frage: »*Mit welchem Ziel werden hier eingreifende und oft lebensverlängernde Maßnahmen durchgeführt?*«

Neben dieser krankheitsbedingten Sinnfrage treten Konflikte mit dem eigenen Gewissen dann auf, wenn Therapien angeordnet oder durchgeführt werden, die offensichtlich keine Lebensqualitätsverbesserung erzeugen, in einigen Fällen aber das natürliche Sterben auf manchmal unmenschliche Weise verlängern.

Auf der anderen Seite stehen die Frage und die Belastung des eigenen Gewissens, wenn Maßnahmen mit lebensverlängernder Wirkung unterlassen oder abgebrochen werden. Insbesondere, wenn Menschen sich zu derartigen Entscheidungsprozessen nicht mehr äußern können, bleiben die Gewissensfragen:

- Hätte sich dieser Mensch jetzt vielleicht nicht doch noch für diese Maßnahme entschieden?
- Würde er im Angesicht des jetzt akut drohenden Lebensendes nicht doch so sehr an seinem Leben hängen, dass er in eine Maßnahme einwilligte, die er früher abgelehnt hat?
- Konnte er die Tragweite seiner Entscheidung erkennen, als er seinen Willen verfügte, ohne die Situation zu kennen?
- Welche Entscheidungsmuster führen zur festgelegten Entscheidung: Wollte er vielleicht nur keinem zur Last fallen?

Diesen Konflikten und Gewissensfragen muss sich jeder Pflegende stellen und dies jeden Tag neu. Es ergeben sich zwei Hauptkonfliktbereiche:

5.1 Beteiligt sein an Entscheidungen über »leben« oder »sterben lassen«

Die Verantwortung für die Beteiligung an Entscheidungsprozessen, die über ein Weiterleben oder ein Sterbenlassen urteilen, wird seit der Zunahme der gerontopsychiatrischen Erkrankungen immer gravierender. Immer häufiger können Menschen sich nicht mehr selbst äußern oder sind in ihrer Entscheidungsfähigkeit eingeschränkt. Liegt keine eindeutige Patientenverfügung vor, werden Betreuer und Bevollmächtigte und auch Ärzte zu Entscheidungsträgern, die über den weiteren Verlauf des Lebens eines anderen Menschen zu entscheiden haben. (Achtung: Angehörige, die keine Betreuungs- oder Vorsorgevollmacht besitzen, sind nicht entscheidungsbefugt!)

Hier liegt die Gefahr nahe, dass das Selbstbestimmungsrecht des Menschen erheblich eingeschränkt wird, oder dass Entscheidungen getroffen werden, die der Betroffene so nicht selbst getroffen hätte. Jeder Beteiligte an diesem Entscheidungsprozess wirkt mit beim Urteil über leben (dürfen oder müssen), sterben (dürfen oder müssen) und Tod. Hier gibt es keine Möglichkeit, sich dieser Verantwortung zu entziehen. Lässt man zu, dass der andere unnötig leiden muss, vielleicht Maßnahmen über sich ergehen lassen muss, in die er selbst nie eingewilligt hätte oder die er eindeutig ablehnt, wird man schuldig.

Dies ist auch der Fall, wenn einem Menschen Maßnahmen vorenthalten werden, die er selber wählen würde. Die Verantwortung lässt sich somit nicht reduzieren. Die Schuld, die entstehen kann, wird dann umso eindeutiger, wenn die Würde des Menschen in seiner Individualität, seine Wünsche und Bedürfnisse nicht anerkannt werden und die heute mögliche Technik und Medizin unreflektiert (weil sie machbar und vorhanden ist) angewendet wird.

Das möglicherweise auftretende Schuldgefühl kann also nur dadurch entkräftet werden, indem deutlich wird: »*Ich habe mich dafür eingesetzt, dass dieser Mensch so leben (und vielleicht auch sterben) konnte, wie er es vorausverfügt hat oder wie er es gewollt hätte*« (die Einschätzung muss auf objektiven Daten basieren).

Die **Würde des Menschen zu wahren**, könnte demnach bedeuten, das Selbstbestimmungsrecht des Menschen als einmaliges Gut anzuerkennen und dann – wenn es der Betreffende nicht mehr selber kann – helfen, diese Wünsche umzusetzen. Dass die Grenzen, die durch die aktive Sterbehilfe gesetzt sind, akzeptiert werden, bedarf hier keiner näheren Diskussion. Beteiligt sein an der Entscheidung »leben« oder »sterben lassen« bedeutet hier: »Hilfe zur Selbsthilfe« oder anders gesagt: »Hilfe beim Menschsein in Würde und Selbstbestimmung bis zum Schluss«.

Das Schuldgefühl kann reduziert werden, wenn die Pflegekraft die Entscheidung nicht eigenmächtig und allein trifft. In Zweifelsfällen bietet sich die Durchführung einer »Fallbesprechung« an. Hieran nehmen Angehörige, ggf. Betreuer, behandelnder Arzt und Bezugspflegekraft bzw. Pflegedienstleitung teil. Gemeinsam wird nun der mutmaßliche Wille des Betroffenen ermittelt und alle Argumente, die für oder gegen die Durchführung der Maßnahme sprechen, gegeneinander abgewogen.

Immer noch ist der Arzt maßgeblich verantwortlich für das Ergebnis eines solchen Entscheidungsprozesses- ihm obliegt die Anordnungspflicht.

In Konfliktsituationen kann das Vormundschaftsgericht eingeschaltet werden. Bis zu dessen Entscheidung wird jedoch ggf. eine Maßnahme, die der Arzt für notwendig hält, eingeleitet und durchgeführt (siehe Abbildung Seite 51).

5.2 Auseinandersetzung mit dem eigenen Dasein und Sterben

Der zweite Belastungsbereich, der sich im Zusammenhang mit dieser Thematik entwickelt, ist die Auseinandersetzung mit dem eigenen Dasein und Sterben. Es ist nur schwer möglich, einen anderen Menschen in seinem Sterben zu begleiten, wenn vorher nicht die Auseinandersetzung mit dem eigenen Leben, der eigenen Endlichkeit und dem unausweichlichen Tod erfolgt.

Auch die Definition des Begriffs »Würde«, mit dem nahezu inflationär umgegangen wird, dessen Definition jedoch an vielen Stellen unterbleibt, sollte jeder Pflegende für sich klären. Das humanistische Menschenbild kann hierzu einen geeigneten Rahmen liefern. Zusätzlich sollten die folgenden Fragen für das eigene Leben geklärt werden:

- Was macht das Mensch-Sein für mich aus?
- Wie stelle ich mir ein eigenes Leben in Würde bis zum Schluss vor?
- Steht für mich die Quantität des Lebens (Jahre) im Vordergrund oder die Qualität?
- Was sind meine Ziele, wenn mein Leben einmal durch Krankheit und Alter begrenzt ist?
- Wie möchte ich behandelt werden? Was sollen andere im Umgang, in der Betreuung und Pflege und in der Behandlung mit mir berücksichtigen?
- Was ist mir wichtig?
- Welche Anforderungen stelle ich an die Sterbephase? Was möchte ich dann?
- Möchte ich bestimmte Vorstellungen in einer Patientenverfügung festlegen?

Pflegende stehen im Normalfall in solchen Situationen nicht allein. Sie arbeiten zumeist in einem Team und wenden sich bei allen Fragen zur Behandlung an den Arzt. Dieser trifft dann die Entscheidung über das weitere Vorgehen und muss hierfür auch die Verantwortung übernehmen.

Werden die in Kapitel 3 aufgezeigten Strategien genutzt, lassen sich viele Konfliktsituationen vermeiden oder entzerren.

Literatur

Akademie für öffentliches Gesundheitswesen in Düsseldorf (Hrsg.): Selbstbestimmung bei verwirrten alten Menschen, Betreuungsrecht & Pflege, Entscheidungshilfen. (o. A.) Düsseldorf.

Arbeitsgruppe Patientencharta (16. Oktober 2002): Patientenrechte in Deutschland. Online in Internet: www.bagh.de/archiv/jahr-2002/pateintencharta/patientenrechte-in-deutschland/patientencharta.pdf [Stand: 05.07.2005].

Aulbert, E. (1997): Kommunikation mit Patienten und Angehörigen. In: Aulbert, E.; Zech, D. (Hrsg.): Lehrbuch der Palliativmedizin. Schattauer: Stuttgart, S. 731 ff.

Bechmann, J. P. (1995): Der gesellschaftliche Umgang mit Sterben und Tod aus der Sicht der Philosophie. In: Forschungsinstitut der Friedrich-Ebert-Stiftung, Abt. Arbeits- und Sozialforschung (Hrsg.): Der gesellschaftliche Umgang mit Sterben und Tod. Humane, medizinische und finanzielle Aspekte. Electronic ed.: Bonn.

Arbeitsgruppe »Patientenautonomie am Lebensende«: Bericht der Arbeitsgruppe »Patientenautonomie am Lebensende (10. Juni 2004): Patientenautonomie am Lebensende. Ethische, rechtliche und medizinische Aspekte zur Bewertung von Patientenverfügungen. Online im Internet: www.bmj.bund.de/media/archive/695.pdf [Stand: 22.10.2005].

Bollnow, O. F. (1953): Neue Geborgenheit. Das Problem einer Überwindung des Existentialismus. Kohlhammer: Stuttgart.

Borasio, G.; Putz, W.; Eisenmenger, W. (2003): Verbindlichkeit von Patientenverfügungen gestärkt. Vormundschaftsgericht soll in Konfliktlagen entscheiden. In: Deutsches Ärzteblatt Jg. 100, Heft 31–32, S. 2062 ff. Deutscher Ärzteverlag: Köln.

Brandenburg, H. (2002): Sterben und Tod. In: Krankendienst 4/2002, S. 97 ff. Lambertus Verlag: Freiburg.

Bundesärztekammer (2004): Grundsätze der Bundesärztekammer zur ärztlichen. Online in Internet: http://www.bundesaerztekammer.de/30/Richtlinien/Empfidx/Sterbebegleitung2004/[Stand: 21.10.2004].

Enquête-Kommission »Ethik und Recht der modernen Medizin«: Patientenverfügungen. Bundestags-Drucksache 15/3700. Online in Internet: http://dip.bundestag.de/btd/15/037/1503700.pdf [Stand: 12.08.2005].

Fritsch, A. (2003): Sterbehilfe. Der letzte Wille. In: Zeit online, Die Zeit 48/2003, Online in Internet: http://zeus.zeit.de/text/2003/48/SterbehilfeStreitgespr8ach [Stand: 25.11.2003].

Heidegger, M. (1927): Sein und Zeit. Niemeyer: Tübingen.

AFÖGID (Hrsg.): Selbstbestimmung bei verwirrten alten Menschen. In: Betreuungsrecht und Pflege. Entscheidungshilfen

Hell, W. (2003): Alles Wissenswerte über Staat, Bürger, Recht, Eine Staatsbürger- und Gesetzeskunde für Fachberufe im Gesundheitswesen. 4. Aufl. Thieme: Stuttgart, New York.

Husebø, B. S.; Husebø, S.: Die letzten Stunden und Tage. Palliative Care für Schwerkranke und Sterbende: Gruenenthal o. J.

Humanistischer Verband (2005): Patientenverfügung. Online in Internet: http://www.patientenverfügung.de [Stand: 30.03.2005].

Klie, T. (2001): Rechtskunde. Das Recht der Pflege alter Menschen. 7. Aufl. Vincentz: Hannover.

Kruse, A. (1988): Die Auseinandersetzung mit Sterben und Tod. Möglichkeiten eines ärztlichen Sterbebeistandes. In: Zeitschrift für Altersmedizin, S. 87 ff. Darmstadt.

Kruse, A.: Wie erleben ältere Menschen den herannahenden Tod? In: Bundesministerium für Familie, Senioren, Frauen und Gesundheit (Hrsg.): Sterben und Sterbebegleitung, S. 151–74. Stuttgart.

Kübler-Ross, E. (1985a): Reif werden zum Tode. Gütersloher Verlagshaus: Gütersloh.

Kübler-Ross, E. (1985b): Verstehen, was Sterbende sagen wollen. Gütersloher Verlagshaus: Gütersloh.

Laufs, A./Uhlenbruck, W. (2002): Handbuch des Arztrechts. 3. Aufl. Beck-Verlag: München.

Müller, G.; Renner, T. (2005): Betreuungsrecht und Vorsorgeverfügungen in der Praxis. Verlag für die Rechts- und Anwaltspraxis: Kevelaer.

Pies, S. (2002): Haftung in der Pflege. Online in Internet: http://w3.pflegenet.com/isfp/praxis/recht/haftung.html [Stand: 21.11.2002].

Quittmann, H. (1996): Humanistische Psychologie. Hogrefe: Göttingen.

Renner, T.: Das Zweite Gesetz zur Änderung des Betreuungsrechts. In: ZAP – Zeitschrift für die Anwaltspraxis 2005, S. 655 ff. ZAP-Verlag: Recklinghausen.

Rest, F. (1998): Sterbebeistand, Sterbebegleitung, Sterbegeleit. Kohlhammer: Stuttgart.

Sanders, K. S. (2001): Dorothea E. Orem: Selbstpflegemodell. Selbstpflege und Fremdpflege = zwei in einem Boot. In: Grundlagen der Pflege für die Aus-, Fort- und Weiterbildung Heft 7: S. 16 ff. Prodos: Brake.

Schell, W. (2002): Sterbebegleitung und Sterbehilfe, Gesetze, Rechtsprechung, Deklarationen (Erklärungen), Richtlinien, Stellungnahmen (Statements). 3. Aufl. Schlütersche: Hannover.

Schell, W. (2003): Grenzsituationen in der Pflege. Pflegekräfte haben Verweigerungsrecht. In: Heilberufe 5/2003, S. 62 f. Urban & Vogel: Berlin.

Schopenhauer, A. (1819): Über den Tod. In: Die Welt als Wille und Vorstellung. Leipzig.

91

Steffen, U. (1999): Rechts- und Staatsbürgerkunde für Pflegeberufe. 5. Aufl. Brigitte Kunz: Hagen.

Tens, W. D. (1995): Über die Thanatologie (Inaugural-Dissertation). Bochum, Ruhr-Universität

Verbraucherzentrale NRW (2005): Patientenverfügung, Vorsorgevollmacht und Betreuungsverfügung, 6. Aufl.

Wagenitz, T. (2005): Finale Selbstbestimmung? Zu den Möglichkeiten und Grenzen der Patientenverfügung im geltenden und künftigen Recht. In: Zeitschrift für das gesamte Familienrecht (FamRZ) 2005, S. 669 ff. Gieseking.

Welte, B. (1980): Der Ernstfall Hoffnung. Herder: Freiburg i. Br.

WHO (1990): Cancer Pain Relief and Palliation Care. Technical Report Series. Genf, World Health Organisation: Genf.

Wittkowski, J. (1990): Psychologie des Todes. Wissenschaftliche Buchgesellschaft: Darmstadt.

Register

Angela Paula Löser

Pflegeberichte endlich professionell schreiben

Tipps und Vorschläge für Mitarbeiter in stationären Altenpflegeeinrichtungen

pflege kolleg
2004. 160 Seiten, 23 Abbildungen, 14,8 x 21,0 cm, kartoniert
ISBN 3-89993-103-3
€ 15,90/sFr 27,50

Dieses Buch informiert klar, leicht verständlich und prägnant zu allen Fragen rund um den Pflegebericht. Es ist leicht und verständlich geschrieben und gibt viele praktische Tipps.

»Frau Löser hat es geschafft, das Thema umfassend auf knapp 160 Seiten praxisnah zu bearbeiten. Strittige Fragen finden im Buch ihre Beantwortung. Besonders gut hat mir gefallen, dass Frau Löser nicht nur Vorschläge unterbreitet, sondern gleichzeitig Trainings- und Schulungsmöglichkeiten im Buch vorstellt und empfiehlt.«

Altenpflegerin und Altenpfleger

Angela Paula Löser

Pflegekonzepte nach Monika Krohwinkel

Pflegekonzepte in der stationären Altenpflege erstellen: Schnell, leicht und sicher
2. Auflage

pflege kolleg
2004. 144 Seiten, 12 Abbildungen, 6 Tabellen
14,8 x 21,0 cm, kartoniert
ISBN 3-89993-109-2
€ 13,90/sFr 23,90

Angela Paula Löser erläutert praxisnah Ziele, Inhalte, Verknüpfungen, Fragestellungen und Schritte in der Pflegekonzeption nach Monika Krohwinkel. Jede Altenpflegeeinrichtung kann mit Hilfe dieses Leitfadens ihr individuelles Pflege- und Betreuungskonzept erarbeiten.

»Klare Übersicht, gute Strukturierung, übersichtliche Tabellen und praxisrelevante Tipps machen Lösers Arbeit zusätzlich wertvoll für Lernende, Lehrende, Pflegedienst- und Heimleitungen.«

Altenpflege

schlütersche

Stand Februar 2006. Änderungen vorbehalten.

Angela Paula Löser

Verhaltens- und Krankenbeobachtung in der Altenpflege leicht gemacht

**Eine praktische Anleitung –
auch für Pflegehilfskräfte**

pflege kolleg
2005. 160 Seiten, 14,8 x 21,0 cm, kartoniert
ISBN 3-89993-137-8
€ 15,90/sFr 27,50

Die gezielte Beobachtung des Verhaltens von Pflegebedürftigen ist wesentlich, um Veränderungen oder Krankheiten möglichst schnell zu entdecken. Dieses Buch hilft vor allem auch Pflegenden ohne Examen, sich in Beobachtungssituationen und -kriterien zu üben und Informationen sachlich korrekt und aussagekräftig weiter zu geben.

»Angela Löser zeigt mit dem vorliegenden Buch anschaulich, verständlich und nachvollziehbar, wie Kranken- und Verhaltensbeobachtungen durchgeführt und dokumentiert werden sollen. Mit zahlreichen Tabellen, Fallbeispielen und Protokollvorschlägen liefert Löser mit dem Buch einen wichtigen Baustein für die angemessene Pflege.«

Altenpflege

Angela Paula Löser

Wenn Krebspatienten Fragen stellen

Was Pflegekräfte und Betroffene wissen müssen
2., überarbeitete Auflage

pflege kolleg
2003. 188 Seiten, 14,8 x 21,0 cm, kartoniert
ISBN 3-87706-799-9
€ 17,–/sFr 29,–

Das Buch ist als Frage-Antwort-Katalog konzipiert, der einen Überblick über die Schwierigkeiten der Patienten gibt. Es richtet sich an Pflegende im Bereich der Onkologie.

»Die Krankheit Krebs in Fragen und Antworten: Man kommt unwillkürlich ins Blättern, schlägt nach in Register und Glossar und wird nicht überfrachtet, sondern angemessen in Kenntnis gesetzt zum Leben mit Krebs. Gegliedert ist das Buch thematisch, von Entstehung und Diagnose über Vorbeugung bis Krebsbehandlung.«

Forum Sozialstation

schlütersche

Stand Februar 2006. Änderungen vorbehalten.